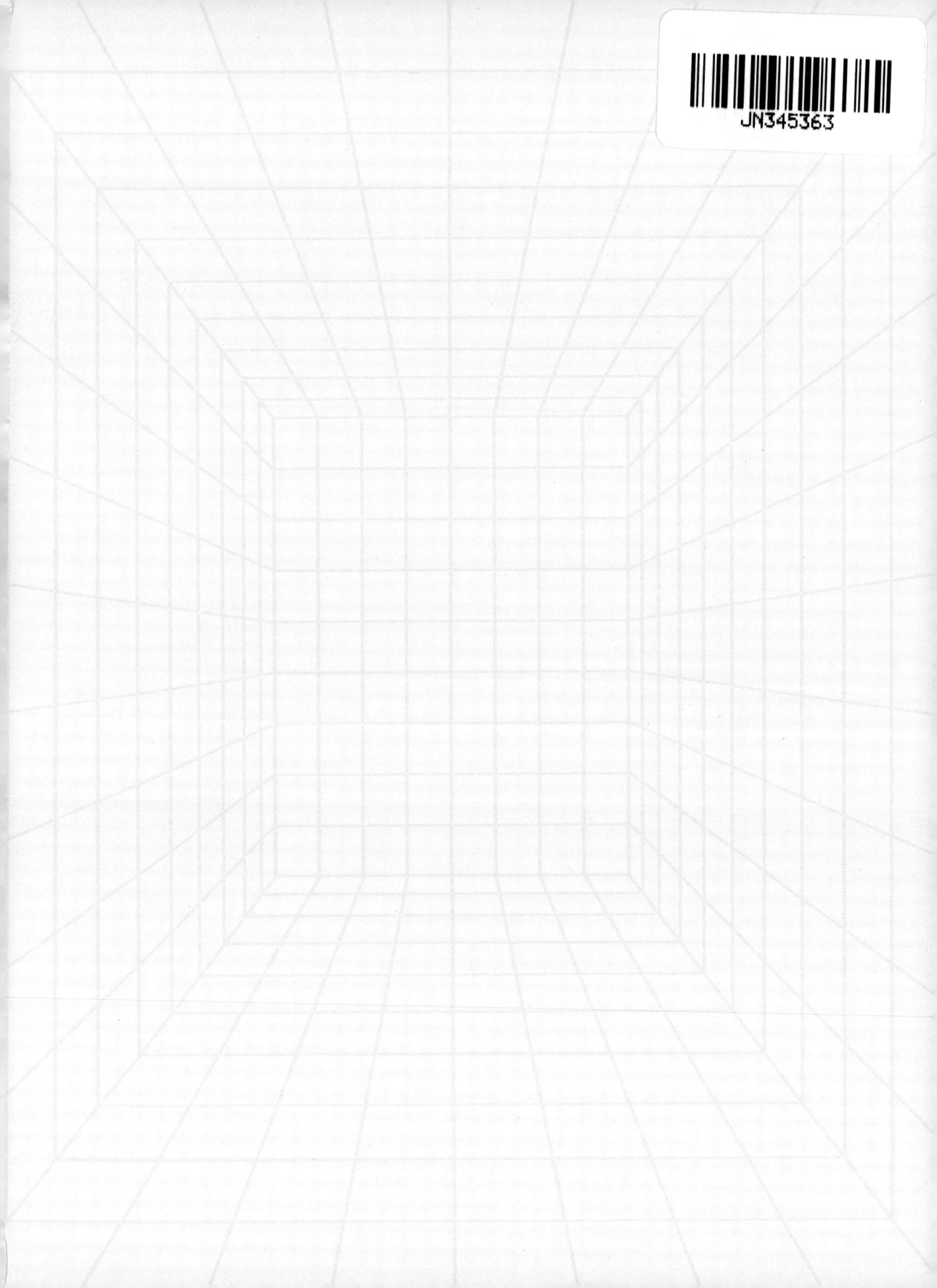

메타버스에서 찾은 뇌과학 이야기

◆ 생각하는 어린이 과학편 ①

메타버스에서 찾은 뇌과학 이야기

초판 인쇄	2023년 12월 15일
초판 발행	2023년 12월 20일
글쓴이	고수진
그린이	박우희
펴낸이	이재현
펴낸곳	리틀씨앤톡
출판등록	제 2022-000106호(2022년 9월 23일)
주소	경기도 파주시 문발로 405 제2출판단지 활자마을
전화	02-338-0092
팩스	02-338-0097
홈페이지	www.seentalk.co.kr
E-mail	seentalk@naver.com
ISBN	978-89-6098-995-5 74400
	978-89-6098-999-3 (세트)

ⓒ 2023, 고수진

• 저작권법에 의하여 한국 내에서 보호를 받는 저작물이므로 무단전재 및 복제를 금합니다.
• KC마크는 이 제품이 공통안전기준에 적합하였음을 의미합니다.

KC	모델명	메타버스에서 찾은 뇌과학 이야기	제조년월	2023. 12. 20.	제조자명	리틀씨앤톡	제조국명	대한민국
	주소	경기도 파주시 문발로 405 제2출판단지 활자마을	전화번호	02-338-0092	사용연령	7세 이상		

은 씨앤톡의 어린이 브랜드입니다.

생각하는 어린이 과학편 ①

#가상현실 #메타버스 #뇌과학 #신경세포 #신경전달물질

메타버스에서 찾은 뇌과학 이야기

고수진 글 | 박우희 그림

> 작가의 말

뇌과학을 알면 나를 이해할 수 있어요

'메타버스(Metaverse)'에서 '메타(Meta)'는 '초월'과 '가상'을, '유니버스(Universe)'는 '세계'와 '우주'라는 의미를 지니고 있어요. 그래서 현실을 초월한 가상의 세계를 '메타버스'라고 불러요.

메타버스는 가상 세계로 이루어져 있지만, 현실과 동떨어진 건 아니에요. 메타버스 속 상점에서 산 장난감이 우리 집 앞에 실제로 배송되고, 먼 나라에 살고 있는 친구와 메타버스 공연장에서 만나 콘서트를 즐길 수 있어요. 머지않은 미래에는 학교에 가는 대신 가상으로 만들어진 교실에서 수업을 듣게 될지도 몰라요.

이처럼 메타버스에서 일어난 일은 현실의 삶과 연결되어 있어요. 가상 세계와 현실 세계가 서로 영향을 주고받으며 사람들이 활동하는 공간이 점점 확장되고 있죠.

그런데 그 사실을 알고 있나요? 메타버스에서 일어나는 일들은 모두

뇌에서 만들어졌다는 것을요. 우리의 뇌는 정말 많은 일을 해요. 감각과 감정을 느끼고, 기억하고, 공감하고, 배우고, 정보를 주고받죠. 우리 몸이 현실 세계에 있으면서도 가상 세계에서 다양한 경험을 할 수 있는 건 뇌가 부지런히 움직이기 때문이에요.

  뇌가 어떻게 움직이는지 뇌의 구조와 기능을 밝혀내는 학문이 바로 뇌과학이에요. 뇌과학 연구가 발전하고 뇌의 비밀이 드러날수록 사람의 행동과 생각, 감정을 이해할 수 있어요. 즉, 뇌의 비밀을 밝혀내는 건 나를 알아가는 과정이라고 볼 수 있어요. 뇌를 알면 내가 왜 그런 행동과 생각을 했는지, 나도 몰랐던 나에 대해 알 수 있으니까요.

  이 책을 읽으면서 어린이들이 새로운 놀이터인 메타버스를 통해 뇌를 공부하고, 나아가 나를 이해하는 기회를 가질 수 있으면 좋겠어요.

고수진

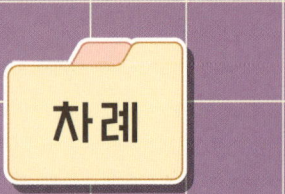

차례

작가의 말   4

제1장   가짜 세상도 진짜처럼 실감 나게! _ 감각과 신경세포   9
    스카이볼 트라이앵글   10
    줌 인: 가상현실   22
    감각하는 뇌는 어떨까?   26
    지금, 신경세포는?   30

제2장   생각만으로 가상 세계에 접속하다! _ 뇌파   33
    학교에 오지 않는 아이   34
    줌 인: 뇌-기계 인터페이스   46
    소통하는 뇌는 어떨까?   50
    지금, 뇌파는?   56

제3장   디지털 세상에 기록된 기억! _ 기억과 해마   59
    내 친구 대웅이   60
    줌 인: 라이프로깅   70
    기억하는 뇌는 어떨까?   76
    지금, 기억과 저장은?   82

제4장 내가 아바타에 몰입하는 이유! _거울 신경세포 85
- 누가 내 아바타를 때렸어요 86
- 줌 인: 아바타 98
- 공감하는 뇌는 어떨까? 102
- 지금, 거울 신경세포는? 106

제5장 복제된 현실에서 배우고 익히기! _뇌가소성 109
- 행복한 발레리나 110
- 줌 인: 디지털 트윈 120
- 학습하는 뇌는 어떨까? 126
- 지금, 뇌가소성은? 130

제6장 매일 게임을 즐기고 싶어! _시냅스와 신경전달물질 133
- 내 꿈은 프로게이머 134
- 줌 인: 디지털 중독 146
- 조절하는 뇌는 어떨까? 150
- 지금, 신경전달물질은? 154

제 1장

가짜 세상도
진짜처럼 실감 나게!

감각과 신경세포

스카이볼 트라이앵글

두근두근 스카이볼 결승전

"결승전이라고 긴장할 거 없어. 평소대로 하면 돼. 우리 딸, 아자!"

엄마가 나리보다 더 긴장한 표정으로 불끈 주먹을 쥐어 보였어요.

"걱정하지 마세요. 오늘 잘하고 올게요!"

나리는 씩씩하게 대꾸했어요. 나리는 학교 스카이볼 팀 선수예요. 스카이볼은 메타버스 스포츠 중에서 가장 인기 있는 종목이에요. 11명의 선수가 한 팀을 이루어, 긴 라켓으로 상대 골대에 골을 많이 넣으면 이기는 경기예요. 하키를 공중에서 하는 것과 비슷하죠.

방에 들어간 나리는 수트와 장갑, 부츠 등 햅틱 장비들을 착용했어요. 햅틱 장비를 착용한 채 가상현실에서 움직이면, 실제 움직이는 것처럼 촉각과 힘이 느껴져요.

나리는 고글과 헤드폰이 달린 마스크도 쓰고, 라켓도 들었어요. 모두 새 거예요. 얼마 전에 스카이볼 표준 규정이 수정되면서, 스카이볼 선수들은 오래된 기기를 모두 최신 기기로 교체했거든요.

　모든 준비를 끝낸 나리가 서둘러 메타버스에 접속했어요. 이미 경기장에 나온 선수들이 많이 보였어요. 선수들의 진짜 몸은 나리처럼 각자 공간에 있고, 경기장에 나온 건 선수들의 아바타예요.

　선수들은 자신의 포지션에 맞게 알맞은 위치에 섰어요. 나리는 습관대로 정중앙에 자리를 잡았어요. 그러다가 강채희가 다가오니까 아차, 싶어 옆으로 물러났어요.

　최근 강채희의 실력이 부쩍 늘자, 지난 경기부터 나리의 포지션이었던 메인 공격수 자리를 넘겨 주게 됐거든요.

　'강채희, 잘 봐. 오늘 내 실력을 제대로 보여 주겠어!'

　나리는 입술을 잘근거리며 주먹을 꽉 쥐었어요.

　경기 시작을 알리는 호루라기 소리가 울렸어요. 선수들이 라켓을 든 채 일제히 하늘로 날아올랐어요.

　새 고글과 슈트의 기능은 기대 이상이었어요. 나리의 눈앞에 내리쬐는 햇빛의 반짝임과 머리부터 발끝을 시원하게 가르는 바람의 움직임이 생생하게 느껴졌어요.

　고글의 그래픽과 슈트의 햅틱 기능이 뇌 속의 신경세포를 완벽하게 속여서, 가상 경기장이 아니라 실제 경기장에 와 있는 것 같았어요.

짜릿한 하이파이브

나리는 날쌘 동작으로 주먹 크기의 노란 공을 골대에 넣기 위해 상대 진영을 종횡무진 날아다녔어요.

"공나리!"

같은 팀인 은호가 소리쳤어요. 뒤돌아보니 은호가 패스하려고 했어요.

그때였어요.

"여기야, 여기!"

별안간 강채희가 끼어들어 은호를 향해 팔을 휘휘 저었어요. 자신에게 패스하라는 신호였죠. 그 둘을 번갈아 쳐다보던 나리의 얼굴이 급격히 어두워졌어요.

"며칠 전에 강채희가 은호에게 고백했대. 그런데 은호는 아직 답하지 않았나 봐."

같은 팀 지훈이가 한 말이 불쑥 떠올랐거든요. 처음 그 말을 듣고 어찌나 당황스럽던지. 사실 나리도 은호에게 고백할 기회를 엿보고 있었단 말이에요.

나리는 마음이 조급했어요. 은호가 강채희의 고백을 받아들이기 전에 자신의 마음을 전해야 했으니까요. 그래서 마음먹었지요. 오늘 멋지게 우승한 후, 당당한 모습으로 널 좋아한다고 말하겠다고요.

그러니까 오늘 경기는 나리에게 정말정말 중요했어요.

"아앗!"

은호가 지르는 비명에 나리는 퍼뜩 정신을 차렸어요. 은호의 라켓에 빗맞은 공이 상대 선수에게 날아가고 있었어요.

"안 돼!"

나리는 잽싸게 방향을 틀었어요. 그 순간 놀라울 정도로 빨리 전환되는 고글 화면을 보고 나리의 두 눈이 휘둥그레졌어요. 그동안 썼던 고글은 고개를 돌릴 때마다 화면이 바뀌는 속도가 살짝 늦었거든요. 어떨 때는 나리가 예상했던 시야와 어긋난 그래픽이 비쳐서 방금 은호처럼 공을 빗맞히기도 했어요.

뇌로 전해지는 시각 정보가 나리의 움직임과 맞지 않다 보니, 현실감이 떨어져서 디지털 멀미를 심하게 앓을 때도 있었죠.

그런데 새 고글은 달랐어요. 시야의 방향과 각도, 속도가 정확했어요. 고글을 통해서 보는 게 아니라 나리의 눈으로 직접 보는 것 같았어요.

나리는 상대 선수에게 공이 닿기 직전, 라켓을 쭉 뻗어서 공을 낚아챘어요. 그런 다음 날쌘 동작으로 골문을 지키는 수비수를 가볍게 제쳤어요. 이제 나리와 골대 사이에는 골키퍼뿐이었어요.

'지금이야!'

나리는 골대의 한쪽 구석으로 힘껏 라켓을 내리쳤어요. 공에 닿은 라켓 그물의 출렁거림이 손끝까지 전해졌어요.

'됐어!'

느낌이 좋았어요. 아니나 다를까. 공은 나리가 노린 곳을 향해 정확하게 내리꽂혔어요. 골인이었어요!

"와!"

관중석에서 환호성이 터졌어요. 경기장을 꽉 채울 정도로 큰 함성은 나리의 귓전을 강하게 울렸어요.

"야호! 너무 짜릿해!"

나리는 온몸에 전율이 느껴졌어요. 은호가 나리 앞으로 날아와 손바닥을 높이 치켜들었어요. 나리는 짝! 소리가 나게 은호의 손바닥을 마주쳤어요. 진짜 손바닥을 친 것도 아닌데, 햅틱 장갑 속 나리의 손바닥이 얼얼했어요.

　나리는 기분 좋게 관중석을 둘러보았어요. 엄마와 아빠, 친구들이 보였어요. 나리를 응원하러 온 아바타들의 머리 위로, 나리가 쏜 슛을 감탄하는 말들과 하트, 엄지척 등 온갖 이모티콘이 둥둥 떠다녔어요.

　'이러다가 내가 최우수 선수로 뽑히는 거 아니야?'

　나리의 마음은 한껏 부풀어 올랐어요.

모든 감각을 동원해 골대로!

　풍선처럼 부풀어 올랐던 나리의 마음은 금세 펑 터지고 말았어요. 슬슬 기세를 올리던 상대 팀이 세 골이나 연이어 넣었거든요. 나리네 팀은 보기 좋게 역전을 당하고 말았어요. 그런데 그때부터, 마치 기다렸다는 듯이 강채희의 활약이 시작됐어요.

　강채희는 유연한 비행술로 상대 수비수 사이를 거침없이 돌파해 순식간에 두 골이나 넣었어요. 두 번째 골로 동점이 된 후에는 모든 관중이 강채희의 이름을 연호했어요.

　나리는 입술을 꽉 깨물고 경기에 집중하기 위해 노력했어요.

　경기가 끝나기 직전이었어요. 드디어 나리에게 또 한 번의 기회가 찾

아왔어요. 은호가 상대 선수를 악착같이 쫓아간 끝에, 공을 빼앗는 데 성공한 거예요. 그러고는 곧바로 나리에게 패스했어요. 나리는 무언가 생각할 겨를도 없이 라켓으로 공을 몰며 상대 골대를 향해 돌진했어요.

나리는 여기가 가상 경기장인지 진짜 하늘인지 구분을 하지 못할 정도로 몰입했어요. 나리의 모든 감각은 지금 이 순간을 완벽하게 현실로 받아들였죠.

'역전 골은 내가 넣을 거야!'

나리가 라켓을 휘두르려는 찰나였어요. 어느새 날아온 상대 수비수들이 나리를 빙 둘러쌌어요. 마침 수비수들 사이로 공을 날릴 만한 작은 공간이 보였어요. 그런데 그쪽에는 강채희가 서서 나리의 공을 받을 준비를 하고 있었어요.

나리는 잠시 망설였어요. 역전 골은 꼭 직접 넣고 싶었어요. 강채희에

게 그 기회를 주고 싶지 않았어요.

"강채희, 받아!"

하지만 나리는 강채희를 향해 힘껏 라켓을 휘둘렀어요. 팀의 우승을 자신의 욕심으로 망칠 순 없으니까요. 라켓의 햅틱 기능은 라켓에 닿는 바람의 저항까지 나리의 손으로 전해 주었어요.

나리의 패스는 정확했어요. 강채희는 공을 받자마자 시원하게 골대를 향해 공을 날렸어요. 골인이었어요.

"휴……."

나리는 안도의 숨을 내쉬며 가슴을 쓸어내렸어요.

곧이어 종료 호루라기가 울렸어요. 결과는 4대 3. 나리네 학교의 우승이었어요.

모두의 예상대로 최우수 선수에는 강채희가 뽑혔어요.

강채희는 사람들에게 둘러싸여 축하를 받으며 활짝 웃었어요. 나리는 그 모습을 부러운 듯 쳐다봤어요.

그때였어요. 나리의 곁으로 슬그머니 은호가 다가왔어요.

"너 오늘 진짜 멋있더라?"

은호의 입에서 예상치 못한 말이 튀어나왔어요.

"멋지긴……. 강채희하고는 상대가 안 되더라."

나리는 쓸쓸한 말투로 말했어요. 나리의 마음 한구석에는 아쉬움이 가득했어요.

"아니야. 내 눈에는 네가 최고로 멋졌어! 강채희가 넣은 세 골을 다 합쳐도, 네가 넣은 한 골이 더 멋졌단 말이야. 게다가 마지막에 강채희한테 넘긴 패스는 진짜 최고였어!"

"정말?"

오늘 경기에서 강채희는 누가 봐도 훌륭한 선수였어요. 최우수 선수로 뽑히고도 남을 정도였지요. 그런데 은호의 눈에는 그렇게 보이지 않았던 걸까요?

'설마……!'

나리는 왠지 은호의 마음을 알 거 같았어요. 나리의 눈에도 은호가 무엇을 하든 다 멋져 보이거든요.

나리는 갑자기 온몸에 찌릿찌릿 전기가 통하는 거 같았어요. 숯을 성공했을 때처럼요. 아니, 어쩌면 그보다 더!

줌 인: 가상현실

진짜보다 더 진짜 같은 가짜 세상

컴퓨터 그래픽으로 만든 가상공간

메타버스는 컴퓨터 그래픽으로 만들어진 가상의 공간이야. 인위적으로 꾸며진 가짜 세상인 셈이지. 그래서 시간과 공간의 제약을 받지 않아. 백악기 시대의 트리케라톱스를 만나거나, 깊은 바다 속을 탐험하는 것도 얼마든지 가능해. 이처럼 가상 세계에서는 우리의 상상을 눈앞에 고스란히 펼쳐 볼 수 있어.

하지만 가상현실을 오래 체험하면 속이 울렁거리거나 두통이 나는 등의 증상을 겪기도 하는데, 이것을 '디지털 멀미'라고 불러.

가상현실은 뇌를 속여서 실제처럼 느끼도록 하는 기술이야. 그러다 보니 뇌가 받아들이는 것과 실제로 내가 느끼는 것이 달라서 이런 증상들이 생기는 거야. 그만큼 가상현실과 현실 세계의 차이가 크기 때문에 일어나는 현상이지.

내 몸이 가상현실을 자연스럽게 받아들이도록 하려면, 가상현실을 보다 더 진짜처럼 느끼게 도와주는 기술이 필요해.

가상현실을 돕는 기술들

나리는 실제로 하늘을 날아다니며 경기를 하는 것처럼 강한 몰입감을 느꼈어. 바로 가상현실을 진짜처럼 느끼게 하는 여러 기술 덕분이야.

나리가 메타버스에 접속할 때 머리에 쓴 고글 마스크는 'HMD(Head Mounted Display)'라고 하는 장치야. HMD를 쓰면 컴퓨터 그래픽으로 그려진 3차원 애니메이션 영상이 눈앞에 나타나면서 실제로 영상 속에 있는 것처럼 느껴져.

그런데 만약 내가 고개를 반대쪽으로 돌렸는데도 계속 똑같은 영상이 보이면 어떨까? 몰입감이 확 떨어질 거야. 그럴 때 머리의 움직임을 감지해서 내 시야에 맞는 화면을 보여 주는 기술을 '헤드 트레킹'이라고 해. 나리가 공이 움직이는 방향으로 고개를 돌렸을 때, 화면 속의 장면도 재빨리 전환되어 깜짝 놀란 것도 나리의 고글에 적용된 헤드 트레킹 기술 때문이야.

하지만 HMD만으로 가상현실 속에 완전히 몰입하기는 어려워. 하늘을 날 때 얼굴로 불어오는 바람, 라켓으로 공을 쳤을 때 손끝에 전해지는 힘, 발바닥이 공중에 붕 떠 있는 느낌, 은호와 손바닥을 마주쳤을 때 느껴지는 통증 같은 촉감도 필요하거든.

　이러한 촉감을 생생하게 느끼게 해 주는 기술을 '햅틱'이라고 해. 햅틱 기술이 적용된 옷, 신발, 장갑, 도구 등을 사용하면 힘이나 진동, 충격, 움직임 등이 내 피부에 직접 닿는 것처럼 느껴지기 때문에 더욱 생동감 있는 가상현실 체험이 가능해.

지식플러스+

가상현실과 증강현실은 무엇이 다를까?

가상현실은 눈에 보이는 모든 이미지가 컴퓨터 그래픽으로 만들어진 이미지라면, 증강현실은 현실의 모습 위에 가상의 이미지를 덧씌워서 보여 주는 기술이에요. 예를 들어 내 방에서 증강현실 앱을 실행했을 때, 내 방이라는 현실 공간 위에 가상의 이미지가 더해지는 기술이지요. 증강현실을 이용하면 크리스마스 전날 밤, 내 방에 가상의 산타 할아버지가 짠, 하고 나타날 수도 있어요.

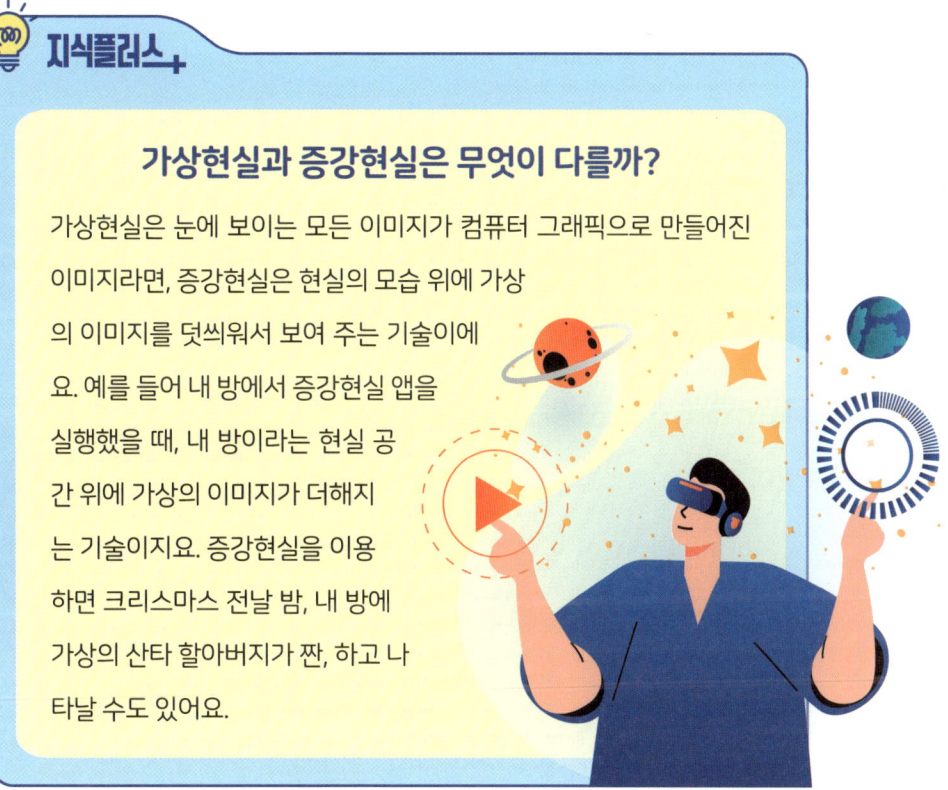

감각하는 뇌는 어떨까?

뇌는 현실을 어떻게 알아차릴까?

뇌는 무슨 일을 할까?

머리를 꾹꾹 눌러 봐. 단단한 머리뼈가 만져질 거야. 그 머리뼈 속에 뇌가 자리 잡고 있어. 뇌의 무게는 평균 1.36킬로그램으로 대략 사과 5~7개 무게와 비슷해. 머리뼈와 뇌 사이는 세 겹의 막과 뇌척수액이 둘러싸고 있어.

뇌는 얼마나 중요한 일을 하길래 이렇게 몇 겹의 보호를 받는 걸까? 뇌는 나와 관련된 모든 일을 해. 기억하고, 감정을 느끼고, 배우고, 결정하고, 상상하고,

꿈을 꿔. 몸 곳곳에 명령을 내려서 움직임과 행동을 통제하기도 해.

그뿐만 아니라 보고, 듣고, 느끼고, 맛보고, 냄새도 맡아. 즉, 오감을 느끼는 것도 뇌가 하는 일이야.

사물을 보는 것은 눈이 아니라 뇌라고?

가상현실은 뇌를 속여서 오감을 생생하게 느끼게 만드는 기술이야. 뇌를 잘 속이면 속일수록 몰입감이 높아지지.

오감을 느끼는 건 다섯 가지 감각 기관, 그러니까 눈, 귀, 피부, 혀, 코가 하는 일 아니냐고? 그렇지 않아. 내 앞의 풍경을 눈으로 보는 것 같지만, 사실은 눈이 아니라 뇌가 보는 거야. 눈은 바깥의 자극이 뇌로 들어오는 창문이라고 생각하면 돼. 눈으로 들어온 시각 정보를 뇌가 받아들이고 해석해야 내가 '봤다.'라고 느끼게 되는 거야. 같은 풍경을 보더라도 사람마다 다르게 인식하는 이유도 뇌에서 다르게 해석하기 때문이야.

은호가 나리의 모습을 보고 최고로 멋지다고 느낀 것 역시 은호의 기분, 기억, 언어, 상황 등을 종합적으로 파악해서 뇌가 내린 해석의 결과라고 볼 수 있어.

보고 듣고 느끼는 것을 뇌로 전달해 주는 신경세포(뉴런)

HMD로 들어온 시각 정보나 햅틱 장비로 느껴지는 촉각 정보처럼 감각 기관을 통해 들어오는 정보는 어떻게 뇌로 전달될까?

우리 몸과 뇌에는 감각 기관으로 들어오는 정보를 우체부처럼 뇌까지 전달해 주는 세포가 있어. 바로 신경세포야. 신경세포는 세포체, 가지돌기, 축삭돌기로 이루어져 있어. 핵이 있는 세포체로부터 가지돌기와 축삭돌기가 뻗어 나온 형태로 되어 있지.

신경세포는 외부 자극에 민감하게 반응하는데, 어떤 정보가 들어오면 가지돌기에서 신호를 받아 축삭돌기로 전달해. 그러면 축삭돌기는 이 신호를 다른 신경세포로 전달하지. 이어달리기 선수들이 배턴을 넘겨주듯이 말이야. 이런 과정을 거쳐 이동하던 감각 정보가 뇌에 도달하면 그제야 우리도 감각을 느끼게 되는 거야.

신경세포는 그물처럼 서로 이어져 있는데, 한 개의 신경세포당 약 1만 개의 신경세포가 연결되어 있어. 이렇게 서로 연결된 신경세포들은 우리 뇌에만 무려 천억 개 정도 뻗어 있다고 해.

수많은 신경세포가 우리 몸 구석구석 뻗어 있으면서 몸 안으로 들어온

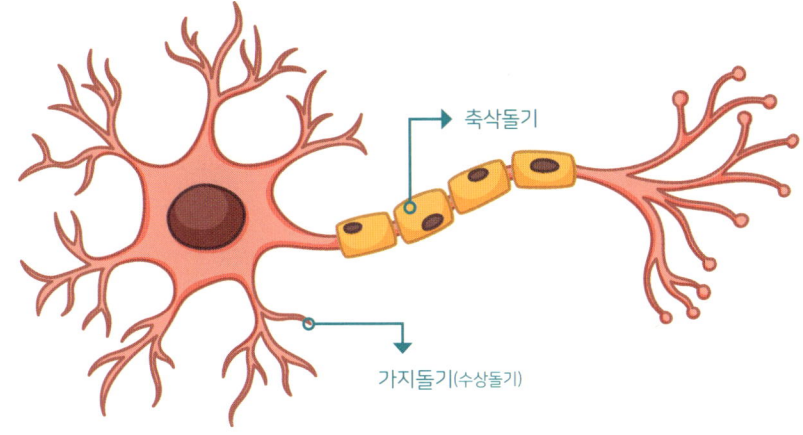

* 축삭돌기: 다른 신경 세포에 정보를 전달하는 역할
* 가지돌기(수상돌기): 다른 신경세포가 보낸 정보를 받아들이는 역할

신호를 부지런히 주고받고 있는 거야.

 지식플러스+

여섯 번째 감각, 고유감각

오감에 이어 여섯 번째 감각도 있어요. 바로 '고유감각'이라고 해요. 고유감각은 내 몸을 인식하는 감각이에요. 고유감각을 잃으면 입이 어디에 있는지 모르기 때문에 음식을 먹을 수 없고, 손이 어디에 있는지 모르기 때문에 물건을 잡을 수 없어요. 이처럼 고유감각은 나 자신을 느낄 수 있게 해 주기 때문에 오감만큼이나 중요한 감각이에요.

지금, 신경세포는?

직접 보거나 만지지 않아도 느낄 수 있어요

> 앞이 보이지 않는 사람에게 희망을, 마이크로 전자눈

사물을 보는 게 눈이 아니라 뇌라면, 시력을 잃어도 앞을 볼 수 있을까? 실제로 사람의 눈 대신 마이크로 전자눈으로 앞을 볼 수 있게 하는 연구가 진행되고 있어.

마이크로 전자눈은 머리카락 굵기의 아주 작은 칩이야. 시력을 잃은 사람의 망막에 전자눈을 이식하면, 전자눈에서 받아들인 영상 신호를 신경세포로 전달해서 앞을 볼 수 있어. 눈으로 받아들인 시각 정보를 신경세포로 전달해서 앞을 보는 원리와 비슷하지.

하지만 아직 기술이 완성된 건 아니야. 기술이 완성된다고 해도 전자눈의 최대 시력은 0.2 정도이고, 색깔은 흑백으로만 구분할 수 있을 거라고 해. 그렇지만 시력을 완전히 잃은 사람에게는 희미하게나마 세상을 볼 수 있는 희망이 생긴 거야.

전자눈을 연구하는 사람들은 전자눈의 해상도를 높여서 시력을 잃은 사람들에게 완전한 빛을 선물할 수 있도록 애쓰고 있어.

멀리서도 만질 수 있어

촉감이란 외부의 자극이 피부 감각을 통해 전해지는 느낌을 말해. 그런데 최근 피부에 직접 닿지 않아도 먼 거리에서 촉감을 느끼게 하는 기술이 개발되었어.

이 기술은 멀리 떨어져 있다는 뜻의 '텔레(Tele)'와 만진다는 뜻의 '햅틱(Haptic)'을 합쳐서 '텔레햅틱'이라고 해.

텔레햅틱은 무언가를 만졌을 때 느껴지는 압력과 진동을 전기 신호로 바꾼 후에 멀리 떨어져 있는 사람에게 전송하면, 그 사람도 똑같은 압력과 진동을 느끼게 되는 원리야.

우리 몸속의 신경세포는 피부 감각을 통해 들어온 신호와 텔레햅틱 기술로 전달되는 신호를 동일하게 받아들이기 때문이야.

텔레햅틱 기술이 더욱 발전하면 메타버스에서 축구공을 찼을 때 발끝에 닿는 공의 감각도 느낄 수 있고, 멀리 떨어져 있는 가족과 서로의 체온도 따뜻하게 느낄 수 있을 거야.

교과서 속 뇌과학 키워드

 # 감각기관 우리 몸에서 주변의 자극을 느끼고 받아들이는 기관이에요. 눈(시각), 귀(청각), 코(후각), 혀(미각), 피부(촉각)가 있어요.

 # 세포 생물의 몸을 이루는 가장 기본적인 단위예요. 사람의 몸은 60~100조 개의 세포로 이루어져 있어요. 이 중 신경세포는 몸 안으로 들어온 자극을 필요한 곳으로 전달하는 역할을 해요.

학교에 오지 않는 아이

스파이더맨과 달팽이

"새 친구가 전학을 왔어요. 이름은 한라희예요."

선생님 말씀에 윤재가 고글을 낀 얼굴을 들고 앞을 바라봤어요. 화면 속에는 웬 달팽이 한 마리가 선생님 옆에 서 있었어요.

저 달팽이가 전학 온 아이, 라희의 아바타인가 봐요. 동물과 곤충을 좋아해서 스파이더맨 아바타를 사용하는 윤재는 달팽이 아바타를 한참 동안 쳐다봤어요.

라희가 전학을 온 지도 며칠이 지났어요. 라희는 반 친구들에게 한마디도 먼저 거는 법이 없었어요. 쉬는 시간이 되면 늘 등껍데기 안에 쏙 들어가 있었죠. 아무도 나를 건드리지 말라고 온몸으로 말하는 것 같았어요.

윤재는 그런 라희에게 자꾸 눈길이 갔어요. 사실 윤재도 학교에서 친구가 없거든요. 윤재도 라희처럼 한쪽 구석에서 늘 조용하게 자리만 지킬 뿐이었어요.

그런데 라희도 친구들과 어울리지 못하고 혼자인 모습을 보니, 꼭 자기를 보는 것 같았어요.

오늘은 오랜만에 대면 수업이 있는 날이에요. 한 달에 한 번씩 진짜 교실에서 수업을 듣는 날이죠.

윤재는 아침 일찍 일어나 서둘렀어요. 처음으로 라희 얼굴을 볼 생각에 공연히 마음이 설렜어요.

하지만 수업 시간이 다 되도록 라희가 오지 않았어요.

"라희는 오늘 아파서 못 올 거예요."

선생님의 말씀에 윤재는 크게 실망했어요.

다음 날, 윤재는 일찍부터 교실에 접속해서 라희를 기다렸어요. 곧 라희의 달팽이 아바타가 교실 안으로 들어왔어요.

"어제 아팠다며? 괜찮아?"

윤재는 용기를 내 처음으로 라희에게 말을 걸었어요. 라희는 놀랐는지 말이 없었어요.

"응."

잠시 후 라희는 짧게 대꾸하더니 등껍데기 속으로 쏙 들어가 버렸어요.

윤재는 라희의 반응에 시무룩해졌어요. 윤재는 라희와 친하게 지내고 싶은데, 라희는 그렇지 않은가 봐요.

만날 수 없는 친구

자기가 좋아하는 걸 친구들한테 소개하는 발표 시간이에요. 윤재는 자신이 좋아하는 거미를 주제로 발표했어요. 거미줄에 걸린 나비를 거미가 잡아먹는 영상도 띄웠지요.

그러자 아이들은 징그럽다고 난리였어요. 당장 영상을 끄라는 둥, 발표를 멈추라는 둥 호들갑을 떨었어요.

윤재는 발표를 망친 것 같아 무척 속상했어요. 그런데 쉬는 시간이 되자 뜻밖에도 라희의 아바타가 윤재에게 말을 걸었어요.

"아까 그 영상 다시 보여 줄 수 있어? 애들 때문에 제대로 못 봐서 아쉬웠어."

윤재의 표정이 환해졌어요. 영상을 보여 주며 거미뿐 아니라 온갖 곤충과 동물들에 관해 신나게 떠들었어요. 라희도 맞장구를 치며 윤재의 설명을 흥미롭게 들어 주었어요.

이날 이후로 둘은 금세 친해졌어요.

윤재는 라희와 가까워지자 직접 만나서 놀고 싶었어요.

"라희야, 오늘 학교 마치고 우리 동네로 올래? 물놀이장이 새로 생겼는데, 엄청 재밌어. 커다란 미끄럼틀도 있고."

"오늘은 안 돼. 엄마, 아빠랑 어디 갈 데가 있거든."

라희가 뭔가 얼버무리듯 말했어요. 함께 놀자는 거절을 벌써 몇 번째 당하는 건지 모르겠어요. 윤재는 섭섭한 마음이 들었어요.

학교를 마치고 심심해진 윤재는 메타버스 게임에 접속했어요. 야생에서 동물을 키우는 게임인데, 라희가 재미있다며 소개해 준 거예요.

윤재는 회원 가입을 하며 몇 가지 질문에 답했어요. 사는 지역, 학교, 좋아하는 동물 등을 적었어요. 좋아하는 동물을 적는 칸에는 라희를 떠올리며 달팽이를 쓰고는 괜히 쑥스러워 얼굴이 발그레 달아올랐어요.

드디어 게임에 로그인한 윤재는 스파이더맨 캐릭터로 아바타를 꾸민 다음 내가 키울 동물들도 여러 마리 골랐어요.

그러자 지금 활동 중인 친구 추천 목록이 떴어요. 아마도 회원 가입할 때 작성한 내용을 참고해 추천 친구를 보여 주는 거 같았어요.

"어?"

그런데 추천 친구 목록에서 낯익은 아바타가 보였어요. '라랄라'라는 닉네임을 가진 달팽이 아바타였어요. 라랄라는 라희가 게임을 할 때마다 사용하는 닉네임이에요.

'에이, 라희는 아니겠지? 부모님이랑 어디 간다고 했는데…….'

윤재는 설마, 하는 심정으로 "라희?"라는 메시지를 라랄라에게 보냈어요.

그러자 라랄라는 로그아웃을 했는지 추천 친구 목록에서 사라져 버렸어요. 윤재는 고개를 갸웃거렸어요.

라희의 비밀

대면 수업 날이 되었어요. 윤재는 교실에서 라희를 기다렸어요. 그런데 라희는 학교에 오지 않았어요.

선생님은 이번에도 라희가 아프다고 했어요. 이쯤 되니 윤재도 무언가 이상하다는 생각이 들었어요.

다음 날, 라희가 교실에 접속하자마자 윤재는 다짜고짜 따지듯 물었어요.

"어제 왜 학교에 안 왔어?"

"좀 아파서…….'

"진짜야?"

"왜 그러는 거야?"

윤재가 추궁하듯 재차 물어보자 라희가 날선 목소리로 대꾸했어요.

"우리 진짜 친구 맞아? 넌 날 자꾸 피하고 뭔가를 숨기는 것 같은데?"

윤재는 자신의 생각을 솔직하게 말했어요.

"미안, 시간 좀 줄래?"

그러자 라희의 입에서 뜻밖의 말이 튀어나왔어요.

'시간이 왜 필요한 걸까? 내가 뭘 잘못한 걸까?'

윤재는 궁금한 게 많았지만 더 이상 아무것도 물을 수가 없었어요. 그 후로 라희는 예전처럼 달팽이 등껍데기 안에 들어가서 나오지 않았어요. 윤재는 그런 라희를 매일 기다렸어요.

그렇게 일주일쯤 지났을 때, 라희가 드디어 윤재에게 말을 걸었어요.

"학교 마치고 우리 집으로 올래?"

라희가 윤재를 집으로 초대했어요. 윤재는 라희가 다시 말을 걸었다는 사실에 무척 반가웠어요.

학교를 마치자마자, 윤재는 라희가 일러 준 주소로 한달음에 달려갔어요.

"네가 윤재구나. 라희에게 이야기 많이 들었어."

라희의 엄마가 윤재를 따뜻하게 맞이해 주었어요. 그런데 라희가 보이지 않았어요.

윤재가 두리번거리자 라희의 엄마가 다시 말했어요.

"라희는 방에 있어. 들어가 봐."

라희의 엄마가 방문이 있는 곳을 가리켰어요. 윤재는 문 앞에 서서 똑똑 노크했어요.

"나야. 윤재."

"들어와."

안에서 라희의 목소리가 들려왔어요.

윤재는 조심스럽게 방 안으로 들어갔어요. 그런데 그 순간, 윤재는 깜짝 놀라 얼음처럼 굳었어요. 라희가 온갖 장비가 거추장스럽게 달린 커다란 휠체어에 앉아 있었거든요.

"놀랐지?"

라희가 윤재의 표정을 살피며 물었어요. 휠체어에 앉은 라희의 몸은 어딘가 부자연스러웠어요.

"어디 아파?"

윤재는 걱정스러운 표정으로 물었어요.

"어릴 때 교통사고를 당해서 목 아랫부분이 모두 마비됐어. 그래서 손가락 하나도 움직이지 못해."

라희의 목소리는 덤덤했어요.

윤재는 너무 놀라 무슨 말을 해야 할지 몰랐어요. 그러다가 문득 라희를 원망하고 추궁했던 지난 기억이 떠올랐어요.

"난 그것도 모르고……. 정말 미안해."

윤재는 고개를 푹 떨구었어요.

"아니야. 내가 미안해. 너한테 솔직하게 말하지 못한 내 잘못이야. 사실은 아직 아무한테도 내 모습을 보여 준 적이 없거든. 그래서 친구가 한 명도 없었는데, 네가 먼저 말 걸어 주고 다가와 줘서 속으로 얼마나 기뻤는지 몰라."

"그런데 학교에는 어떻게 접속할 수 있었던 거야?"

윤재가 궁금해하자 라희는 휠체어에 고정된 모니터로 시선을 옮겼어요. 라희가 가만히 쳐다만 보는데도 모니터 속 화면이 켜지면서 교실 이미지가 나타났어요. 그러더니 라희의 달팽이 아바타가 교실을 돌아다니기 시작했어요.

윤재는 눈이 휘둥그레졌어요. 모니터 속 동작들이 꼭 라희의 속마음을 읽고 저절로 움직이는 것처럼 보였거든요.

"신기하지? 뇌파로 메타버스에 접속해서 내 아바타를 조종하는 거야."

"뇌파?"

"응. 뇌에서 보내는 신호 같은 거야."

"우와. 그러면 네가 생각하는 대로 움직이는 거야? 마법사처럼?"

라희는 윤재의 표정을 보며 재밌다는 듯 웃었어요. 그제야 윤재도 슬그머니 웃음이 나왔어요.

"윤재야, 우리 뭐 하면서 놀까? 친구랑 만나서 노는 게 너무 오랜만이야. 오늘 진짜 재밌게 놀자!"

라희는 기대에 찬 표정으로 말했어요.

"그래. 우리 재밌게 놀자!"

윤재는 라희가 달팽이 등껍데기로 다시 들어가는 일이 없었으면 좋겠다고 생각하면서 씩씩하게 대답했어요.

줌 인: 뇌-기계 인터페이스

인간과 컴퓨터가 연결되다

뇌와 기계를 어떻게 연결할까?

라희는 손가락 하나 까딱할 수 없었지만, 뇌파를 이용해 메타버스에 접속했어. 이처럼 뇌를 컴퓨터와 같은 기계와 연결하는 기술을 '뇌-기계 인터페이스(BCI, Brain-Computer Interface)'라고 해.

뇌파는 뇌에서 보내는 전기 신호의 움직임이야. 뇌와 기계를 연결하려면 우선 두피에 전극을 부착해서 이 신호를 받아야 해. 그런 다음 신호의 패턴이 가진 의미를 해독해서, 그 내용을 기계에 입력해. 그러고 나면 생각에 따라 나타나는 특정 패턴으로 기계를 작동시킬 수 있어.

실제로 몸이 불편한 환자의 뇌와 컴퓨터를 연결해서 로봇 팔을 움직이거

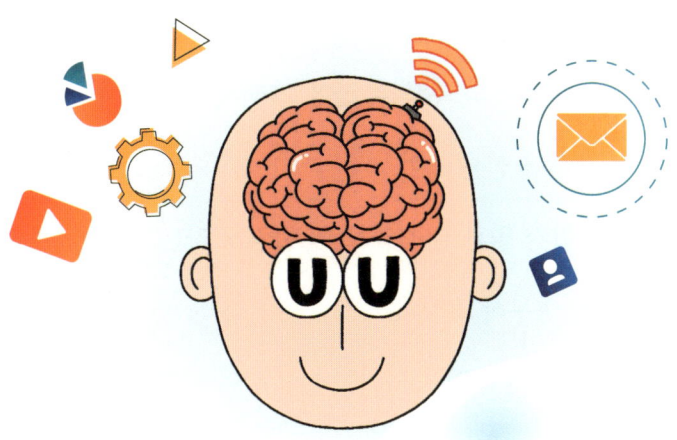

나, 문자 메시지를 보내는 실험들이 활발하게 연구 중이야. 라희처럼 생각만으로 컴퓨터를 켜고, 메타버스에 접속하는 미래가 가까워져 오는 거지.

한편 뇌와 기계를 연결하기 위해서 뇌에 칩을 심는 방법도 있어. 뇌파는 매우 섬세한 신호야. 그런데 두피에 전극을 부착하면 피부와 머리카락

의 방해로 신호 내용이 왜곡될 수 있어. 그래서 정확하게 뇌파를 읽기 위해 뇌 안에 직접 칩을 심는 거야.

세계 유명 기업가 일론 머스크도 '뉴럴링크'라는 회사를 세워서 칩을 이식하는 방법을 연구하고 있어.

하지만 머리를 열어서 칩을 이식하는 과정이 위험할 수도 있고, 이식한 후에 예상치 못한 부작용이 생길 수도 있어.

그래서 연구를 하는 사람들과 연구 결과를 지켜보는 사람들 모두 매우 신중한 태도를 취하고 있는 중이야.

뇌와 메타버스가 연결되는 세상

메타버스에서 아바타를 조종하려면 손으로 화면을 터치하거나, 마우스, HMD, 햅틱 장비 등을 이용하기 때문에 가상 세계에 완전히 몰입하기 힘들어.

그러나 뇌-기계 인터페이스 기술의 발달로, 뇌파를 이용해 아바타를 움직일 수 있게 되면 현실의 개입 없이 가상현실을 완벽하게 즐길 수 있어. 그때는 가상현실 속 아바타가 마치 나와 한 몸인 것처럼 느껴질 거야.

어쩌면 현실 세계와 가상현실의 경계가 허물어지고, 어디가 현실이고 어디가 가상인지 구분하는 것조차 의미가 없어질지도 몰라.

아직은 먼 이야기일까? 하지만 불가능한 이야기는 아니야. 이런 미래가 도착하기 전에, 기술의 발전이 불러올 긍정적인 모습과 부정적인 모습을 미리 살펴보고 어떻게 대비해야 할지 함께 고민해 볼까?

뇌파로 거짓말을 찾아요

거짓말 탐지기는 심장박동, 호흡, 혈압 등 신체에 나타난 변화를 측정해 거짓말을 찾아내는 장치예요. 그러나 신체 변화로 거짓말인지 아닌지를 판단하기에는 무리가 있었어요. 거짓말에 익숙한 사람은 태연하게 거짓말 탐지기를 통과할 수도 있었거든요. 그러다 1990년에 뇌파로 거짓말을 찾는 방법이 개발됐어요. 신체 반응이 아니라 뇌의 반응을 살펴서 거짓말 여부를 판명하는 거죠. 이처럼 범죄에 맞서기 위해 거짓말을 찾아내는 기술은 점점 진화하고 있어요.

소통하는 뇌는 어떨까?

뇌 속에 찌릿찌릿 전기가 흐른다고?

신경세포는 전기 신호로 말해

뇌 안에는 항상 찌릿찌릿 전기가 흘러. 신경세포가 감각 기관으로 받아들인 정보를 전기 신호로 바꿔서 목적지까지 전달하기 때문이야. 전기 신호는 신경세포들의 언어인 셈이지.

눈으로 들어온 시각 정보가 어떻게 전기 신호로 바뀌어서 뇌까지 전달되는지 한번 살펴볼까?

눈앞에 개나리꽃이 활짝 피었어. 꽃을 비춘 빛이 반사되어 눈으로 들어오면 눈 안에 있던 원뿔세포와 막대세포가 빛을 전기 신호로 바꿔 줘. 원뿔세포는 꽃의 색깔 정보를, 막대세포는 꽃의 형체를 전기 신호로 바꾸지. 그러고 나면 신경세포들이 전기 신호를 전달하기 시작해. 뇌에서 시각 정보를 담당하는 곳까지 말이야. 그렇게 해서 전기 신호가 목적지에 도착하면 뇌는 비로소 꽃의 색깔과 형체를 종합적으로 그려서 전체 모습을 알아볼 수 있어.

몸으로 들어온 정보는 이런 과정을 거쳐 전기 신호 형태로 몸 안을 마구 돌아다녀. 그렇다고 해서 전기에 감전될 걱정은 하지 않아도 돼. 뇌 속에 흐르는 전기의 양은 아주 미세해서 신경세포 하나에서 발생하는 전기의 양은 측정조차 되지 않을 정도거든.

뇌파로 생각을 읽을 수 있을까?

신경세포들이 전기 신호를 주고받는 순간, 뇌 속에는 전기 파동이 생겨. 이때 신경세포 하나에서 발생하는 전기 파동은 측정할 수 없을 정도로 미약해. 하지만 많은 양의 신경세포가 동시에 전기 신호를 주고받다 보면 전기 파동이 커지면서 측정이 가능해지는데, 전기 파동을 측정한 후 남긴 기록을 '뇌파'라고 해.

뇌파는 1875년에 영국의 생리학자 리처드 카턴이 토끼와 원숭이의 뇌에서 나오는 전기 파동을 최초로 측정하면서 처음으로 발견되었어.

뇌파의 패턴을 해석하면 뇌의 활동을 파악할 수 있어. 말하고 있는지, 손가락을 움직이고 있는지, 음식을 먹고 있는지 등을 알 수 있지. 그래서 뇌파를 다른 말로 '뇌의 목소리'라고 부르기도 해.

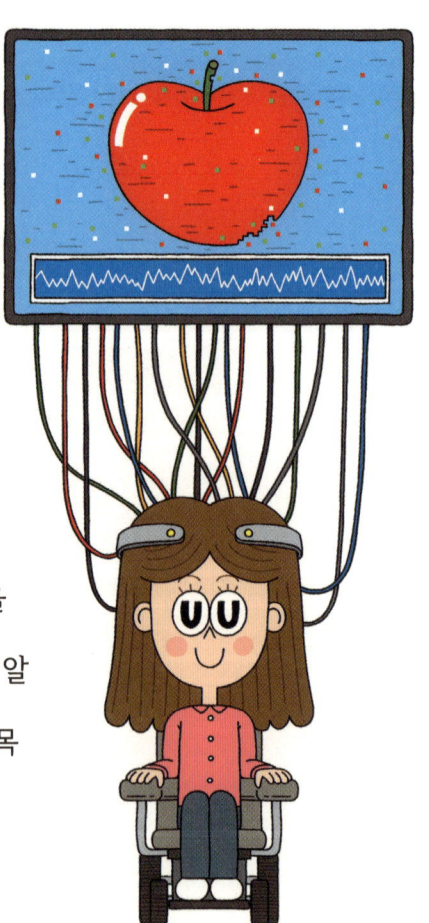

하지만 현재 기술로는 뇌파를 통해 생각이나 감정을 파악하기는 어려워. 뇌파의 패턴은 매우 다양하고 섬세해. 빨간 사과를 떠올릴 때와 파란 사과를 떠올릴 때도 패턴이 달라. 뇌파만으로 생각을 읽으려면 이 패턴을 모두 해석해야 해. 마치 암호를 해독하는 것과 비슷하지.

아직은 라희처럼 뇌파로 자유롭게 생각을 전달하지는 못하지만, 뇌파를 측정하는 기술은 우울증, 치매, 기억력 저하, 뇌전증 등을 예측하고 진단하는 데 유용하게 쓰이고 있어.

뇌파의 다섯 가지 종류

인간의 뇌파를 최초로 발견한 사람은 독일의 신경정신학자인 한스 베르거야. 뇌파는 1초 동안 몇 번 진동하느냐에 따라 다섯 가지 종류로 구분할 수 있어. 그중 한스 베르거가 가장 먼저 발견한 뇌파는 '알파파(8~13Hz)'야. 알파벳의 첫 글자 A를 따서 알파파라고 이름을 붙였어. 알파파는 긴장이 풀린 채 쉬고 있거나 명상할 때 발생해.

두 번째로 발견한 뇌파는 '베타파(13~30Hz)'야. 알파벳 B를 넣어서 이름을 붙였는데, 평상시 일상생활을 하거나, 긴장한 상태에서 베타파가 발생해.

세 번째로 발견한 뇌파는 '세타파(4~8Hz)'야. 알파벳 C를 따서 이름 붙인 세타파는 꾸벅꾸벅 졸거나 창의적인 생각이 일어나는 순간에 발생해. 어른보다 어린이에게 많이 나타나.

　이 외에도 진동수가 가장 적은 '델타파(0.2~4Hz)'는 잠들어 있거나 무의식 상태일 때 발생하고, 가장 빠르게 진동하는 '감마파(30Hz 이상)'는 매우 흥분한 상태일 때 발생해.

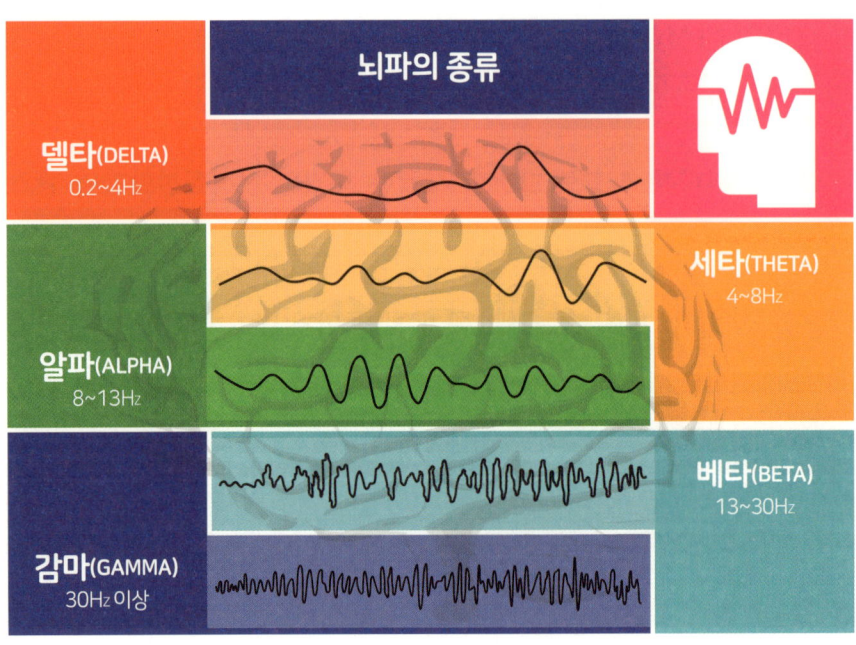

최초로 뇌파 기록 장치를 개발한 한스 베르거

한스 베르거는 군대에 있을 때 말을 타다가 떨어진 적이 있었어요. 그 순간 그는 죽을지도 모른다고 생각했어요. 다행히 큰 부상은 없었지만, 얼마 후 신기한 일이 일어났어요. 베르거에게 끔찍한 일이 생긴 것 같다며 여동생에게 연락이 온 거예요. 베르거는 자기의 생각이 어떻게 여동생에게 전해졌는지 궁금했어요. 그때부터 뇌를 연구하다가 1924년에 뇌파를 측정하는 기계를 개발해서 인간의 뇌파를 처음으로 증명했어요.

지금, 뇌파는?

뇌와 기계의 연결이 불러올 미래는?

> 뇌파로 연주하는 메타버스 음악회

2022년 겨울, 경기도 파주에서 뜻 깊은 연주회가 열렸어. 중증장애인이 메타버스 공간에서 뇌파를 이용해 연주한 '메타버스 뇌파 연주회'였지.

세 명의 뇌파 연주자들은 머리 표면에 'EEG'라는 뇌파 기록 장치를 부착했어. 그런 다음 뇌파를 추출하여 악기, 음원, 아바타와 연결한 뒤 〈도레미 송〉과 〈렛 잇 비〉 등 6곡을 아름답게 연주했어.

'현실을 초월하다'라는 뜻을 가진 메타버스답게 이날의 연주는 현실뿐만 아니라 장애마저 초월한 멋진 무대였어.

인간의 뇌에 전자칩을 이식해요

'뉴럴링크'는 테슬라의 창업자인 일론 머스크가 설립한 뇌-기계 인터페이스를 연구하는 미국 회사야.

뉴럴링크의 목표는 인간의 뇌에 소형 칩을 이식해서, 컴퓨터가 인간의 뇌와 직접 소통하는 방법을 찾는 거야. 이를 위해 팔다리가 마비된 사람 중에서 임상시험에 참여할 지원자를 구하고 있는데, 관심을 보이는 사람들이 꽤 많다고 해.

만약 뉴럴링크의 목표가 안전하게 달성된다면 마비와 뇌졸중, 루게릭병, 청각 및 시각 상실로 고통 받는 수백만 명의 사람들이 새로운 삶을 선물로 받을 수 있을 거야.

하지만 뇌 정보를 해킹당하거나 인간과 기계의 구분이 모호해질 수도 있어서 함께 머리를 맞대고 해결해야 할 문제도 많아.

교과서 속 뇌과학 키워드

 # 전기 신호 신경세포들은 뇌 속의 (−)전하와 (+)전하로 인해 생기는 전기 신호로 서로에게 정보를 전달해요.

 # 파동 한 곳에 생긴 진동이 사방으로 퍼져나가는 걸 말해요. 뇌파는 신경세포들이 서로 신호를 전달하면서 생긴 전기의 파동이에요. 이 밖에도 물결파, 소리, 지진파 등이 있어요.

제 3 장

디지털 세상에 기록된 기억!
기억과 해마

내 친구 대웅이

민구의 주말 브이로그

"그냥 여기서 놀면 안 돼?"

대웅이가 지친 목소리로 말했어요.

"저쪽이 더 나으려나?"

하지만 민구는 주변을 두리번거리느라 친구의 말에 대답도 하지 않았어요. 그렇게 공원을 한참 돌아다닌 끝에 드디어 탁 트인 잔디밭을 발견했어요.

"여기가 좋겠다! 여기서 촬영하면 코코도 예쁘게 나오겠다. 그치?"

민구는 가방에서 로봇 강아지 코코를 꺼내며 대웅이를 쳐다보았어요. 대웅이는 지친 표정으로 고개를 끄덕였어요.

민구는 작은 리모컨을 꺼내 드론 캠을 켰어요. 드론 캠은 주변을 날아다니며 민구와 대웅이가 코코와 노는 모습을 렌즈에 담았어요.

오늘 민구가 찍는 브이로그 주제는 '로봇 강아지 코코와 보내는 주말'

이에요.

　민구는 작년부터 자신의 일상을 촬영해서 로그월드라는 플랫폼에 올리고 있어요. 즐거운 추억을 오랫동안 기억하고 싶어서 시작했죠.

　"너무 더워."

　대웅이가 코코와 공놀이를 하다가 말고, 벌겋게 달아오른 얼굴로 말했어요. 사실 민구도 아까부터 목덜미에서 땀이 주르륵 흘러내렸어요. 햇볕이 쨍쨍 내리쬐었지만 잔디밭에는 그늘 한 점 없었어요. 카메라로 보면 화창한 봄날 같지만, 실제로는 무척 더웠죠.

　하지만 민구는 얼굴을 찡그릴 수 없었어요. 자신의 브이로그를 보는 사람이 늘어날수록 좋은 모습만 올리고 싶거든요.

　"조금만 더 찍고 빙수 먹으러 가자. 빙수 매장이 새로 생겼는데 망고 빙수가 진짜 맛있대. 망고 빙수 먹는 장면 찍으면 사람들이 좋아할……."

　"나 집에 갈래!"

　대웅이가 민구의 말을 끊고 버럭 화를 냈어요.

　"갑자기 왜 그래?"

　민구는 깜짝 놀라 눈이 휘둥그레졌어요.

　"난 여기에 너랑 놀려고 나온 거란 말이야!"

　"지금 코코랑 재밌게 놀고 있는데 무슨 소리야?"

민구는 대웅이의 말이 언뜻 이해되지 않았어요.

"네 머릿속에는 브이로그 찍을 생각밖에 없잖아!"

대웅이가 씩씩거리며 말했어요.

"너도 브이로그 찍는 거 좋아하잖아!"

민구의 말에 대웅이는 기가 찬다는 듯 민구를 빤히 쳐다보았어요. 그러더니 "됐다, 됐어."라며 한마디 내뱉고는 등을 홱 돌려 집으로 가 버렸어요.

친구의 얼굴

'내일 학교에 가면 대웅이 화도 풀려 있을 거야.'

민구는 대수롭지 않게 생각했어요. 두 사람은 유치원 때부터 5학년이 된 지금까지 늘 붙어 다녔어요. 종종 다투기도 했지만, 둘 사이의 서먹한 분위기는 언제나 하루를 넘기지 못했죠.

하지만 이번에는 달랐어요. 다음 날도, 그다음 날도, 대웅이는 민구와 눈도 마주치지 않았어요.

'치. 섭섭한 사람이 누군데?'

로봇 강아지 코코도, 망고 빙수도 대웅이가 좋아하는 거라서 특별히

계획한 건데, 민구는 그런 마음도 몰라주는 대웅이가 야속했어요.

　민구는 학교를 마치고 집으로 터덜터덜 걸어갔어요. 대웅이와 매일 함께 다니던 길을 혼자 걸으려니 왠지 허전했어요.

　민구는 잠시 놀이터에 있는 벤치에 앉았어요. 대웅이와 나란히 앉아서 온갖 이야기를 나누던 벤치예요. 로그월드에 올린 브이로그에 악플이 달려 속상할 때도 대웅이가 이 벤치에 앉아 위로해 줬죠.

　잠시 멍하게 앉아 있던 민구는 공연히 스마트폰을 만지작거리다가 로그월드에 접속했어요. 사람들의 반응도 살피고 최근에 올린 영상들도 돌려봤어요.

　"어? 이상하다?"

　영상을 보던 민구는 연신 고개를 갸웃했어요.

　분명히 찍은 지 며칠 되지 않은 영상인데 기억나지 않는 것들이 많았어요. 영상 속에 나오는 핫도그의 맛은 어땠는지, 이 편의점에는 누구와 갔었는지, 이 거리는 어디로 가는 길이었는지 기억이 날 듯 말 듯 나지 않았어요.

　하긴 요즘 들어 영상을 하나라도 더 올리려는 욕심에 이것저것 막 찍었더니, 이 기억 저 기억이 섞여서 머릿속에 또렷하게 남은 기억이 없는 것도 어찌 보면 당연했어요.

그때였어요. 민구의 눈길이 어느 영상에 멈췄어요. 코코와 놀다가 대웅이와 싸운 날 찍은 영상이었어요. 영상 속의 대웅이는 불만이 가득한 표정이었어요.

'그날 대웅이의 표정이 이랬었나?'

민구는 영상을 다시 처음부터 돌려봤어요. 그때는 몰랐는데, 영상 속 대웅이는 내내 민구를 쳐다보고 있었어요. 무척 지치고 힘든 표정으로 말이죠.

그런데 민구는 대웅이 쪽은 쳐다보지도 않고 그저 코코가 드론캠에 어떻게 찍히는지만 신경 쓰고 있었어요. 코코와 재밌게 놀았다는 건 민구의 착각이었던 거예요.

소중한 추억은 우리 기억 속에

민구는 영상 속 대웅이의 얼굴을 터치했어요. 로그월드에 올린 브이로그 중에서 대웅이 얼굴이 포함된 영상들이 쭉 나왔어요. 민구는 최근 것부터 하나씩 열어 봤어요.

대웅이와 탕후루를 먹는 영상, 축구 경기를 응원하는 영상, 숙제하는 영상…….

영상을 하나씩 보는 동안 민구의 얼굴에 슬쩍 미소가 번졌어요. 대웅이와 함께했던 기억들이 새록새록 떠올랐거든요. 영상 속에서 대웅이와 나누었던 대화와 대웅이의 표정과 그날 날씨와 민구가 느낀 감정까지 민구의 기억 속에 생생했어요.

순간, 민구는 무언가 좀 의아했어요.

최근에 올린 영상들은 기억이 가물가물한데, 더 오래된 기억이 이렇게 선명하다니요.

'대웅이와 관련된 기억이라 그런가?'

민구는 또 다른 영상 하나를 재생했어요. 브이로그를 시작한 지 얼마 되지 않았을 때의 영상이에요. 영상 속에서 민구와 대웅이는 사소한 일로 아웅다웅 말다툼을 했어요. 그때는 이렇게 꾸미지 않은 일상의 모습들도 올렸었죠.

영상 속에서 말다툼 끝에 먼저 미안하다고 사과한 사람은 대웅이였어요.

맞아요. 기억을 떠올려 보면 대웅이는 언제나 민구에게 먼저 손 내미는 친구였어요. 민구가 속상한 일이 있으면 말하지 않아도 먼저 알아주고, 싸우고 나면 항상 먼저 화해를 청했어요.

그런데 민구는 대웅이가 짜증냈던 모습만 기억하고 그날 대웅이의

마음은 어땠는지는 전혀 돌아보지 않았던 거예요.

민구는 진심으로 대웅이에게 미안하다는 생각이 들었어요. 대웅이는 민구와 재밌게 놀고 싶었던 건데, 민구는 그저 브이로그를 찍을 생각밖에 없었으니 대웅이가 화가 날 만도 했지요.

그렇게 의미 없이 찍은 영상들은 로그월드에 기록으로는 남을지 몰라도, 내 마음속에 추억으로 남지 못한다는 사실을 깨달았어요.

민구는 당장 대웅이 집으로 발길을 돌렸어요. 오늘은 자신이 먼저 사과하려고 마음을 먹었어요.

앞으로는 로그월드가 아니라, 우리의 기억 속에 좋은 추억을 남기자는 말도 함께 하려고요. 대웅이에게 향하는 민구의 걸음이 점점 빨라졌어요.

줌 인: 라이프로깅

가상공간에 남긴 오늘의 기록

내 삶을 디지털 공간에 기록하다

메타버스를 즐기는 방법 중 하나는 '라이프로깅'이야. 글이나 사진, 동영상, 이모티콘 등 다양한 방식으로 온라인 공간에 일기 쓰는 것과 비슷하지.

알고 보면 라이프로깅은 매우 가까이에 있어. 페이스북, 인스타그램, 카카오스토리 등과 같은 SNS(Social Networking Service)가 바로 대표적인 라이프로깅이야.

민구가 로그월드에 브이로그를 올리는 것 역시 라이프로깅에 해당 돼. 우리의 기억은 불완전해. 시간이 조금만 지나도 머릿속에서 아예 사라지기도 하고, 왜곡이 일어나 사실과 다르게 기억되기도 하거든.

　손으로 남긴 기록은 어떨까? 내 경험을 일일이 손으로 남기려면 시간과 노력이 많이 들어. 게다가 정성들여 기록한 수첩을 잃어버릴 수도 있고, 비에 젖어 찢어질 수도 있지.

　하지만 라이프로깅은 이런 걱정에서 벗어나 언제 어디서든 내 삶을 편하게 기록할 수 있어. 글, 그림, 사진, 영상 등 내가 원하는 다양한 방식으로 말이야!

자유롭게 소통하는 라이프로깅

　일기는 보통 나만의 비밀로 간직하지만, 라이프로깅은 다른 사람에게 보여 주기 위해 기록할 때가 많아. 자신의 일상이나 추천하고 싶은 것, 알리고 싶은 뉴스, 현재의 생각이나 감정, 미래 계획 등을 공유하면서 내가 어떤 사람인지 표현하거나, 다른 사람에게 정보를 주기 위해서지.

　내가 올린 라이프로깅 게시물을 본 사람들은 생각이나 감정을 댓글로 남길 수 있어. 이렇게 실시간으로 소통하며 정보를 주고받거나, 공감과 위로를 나눌 수 있다는 건 라이프로깅의 큰 매력이야.

　내가 보여 주고 싶은 내 모습만 공유할 수 있고, 소통도 자유롭게 할 수 있는 라이프로깅의 특징 덕분에 현실 세계보다 메타버스에서 새로운 친구들을 더 쉽게 사귀기도 해.

　그런데 라이프로깅이 많은 사람에게 공유된다는 걸 지나치게 의식한 나머지 자신의 삶을 거짓으로 꾸며서 올리는 사람도 있어. 심지어 거짓으로 올린 삶을 진짜 삶이라고 착각하기도 해. 한편 누군가의 멋진 모습이 가득한 라이프로깅 세계를 보면서, 자신과 비교하며 스스로를 초라하게 여기는 사람도 있어.

하지만 내 진짜 삶은 디지털 세계가 아니라 지금 내가 발 딛고 있는 현실 세계에 있어. 라이프로깅은 현실의 삶을 더 오래 기억하고, 더 나은 삶을 위해 도움을 주는 기술이라는 사실을 잊으면 안 돼.

다양한 라이프로깅의 세계

라이프로깅은 일상에서 흔히 이루어지고 있어. 이를테면 인터넷 활동 자체를 라이프로깅이라고 볼 수 있어. 무엇을 검색했는지, 어떤 사이트에 접속했는지, 어떤 자료를 다운로드 받았는지 등 수많은 정보가 자동으로 저장되고 있거든.

내가 방문하는 장소의 위치 정보가 스마트폰의 지도 앱에 자동 저장되는 것 역시 라이프로깅이야.

만약 메타버스 세계가 더 활발해진다면, 내 삶을 SNS로 공유하듯이 가상현실 속 아바타의 삶을 디지털 공간에 올리고 공유하는 라이프로깅도 쉽게 볼 수도 있을 거야.

여기에서 더 나아가 디지털 공간에 저장된 기록을 분석하고 관리해 주는 기능도 라이프로깅의 한 영역이야. 웨어러블 디바이스에 저장된 걸음 수, 심장박동 수, 수면 시간, 식단 등의 건강 및 생체 정보에서 일정한 패턴을 분석해서 건강을 관리해 주거나, 내가 들었던 음악 목록을 기반으로 새로운 음악을 추천해 주는 것이 여기에 해당하지.

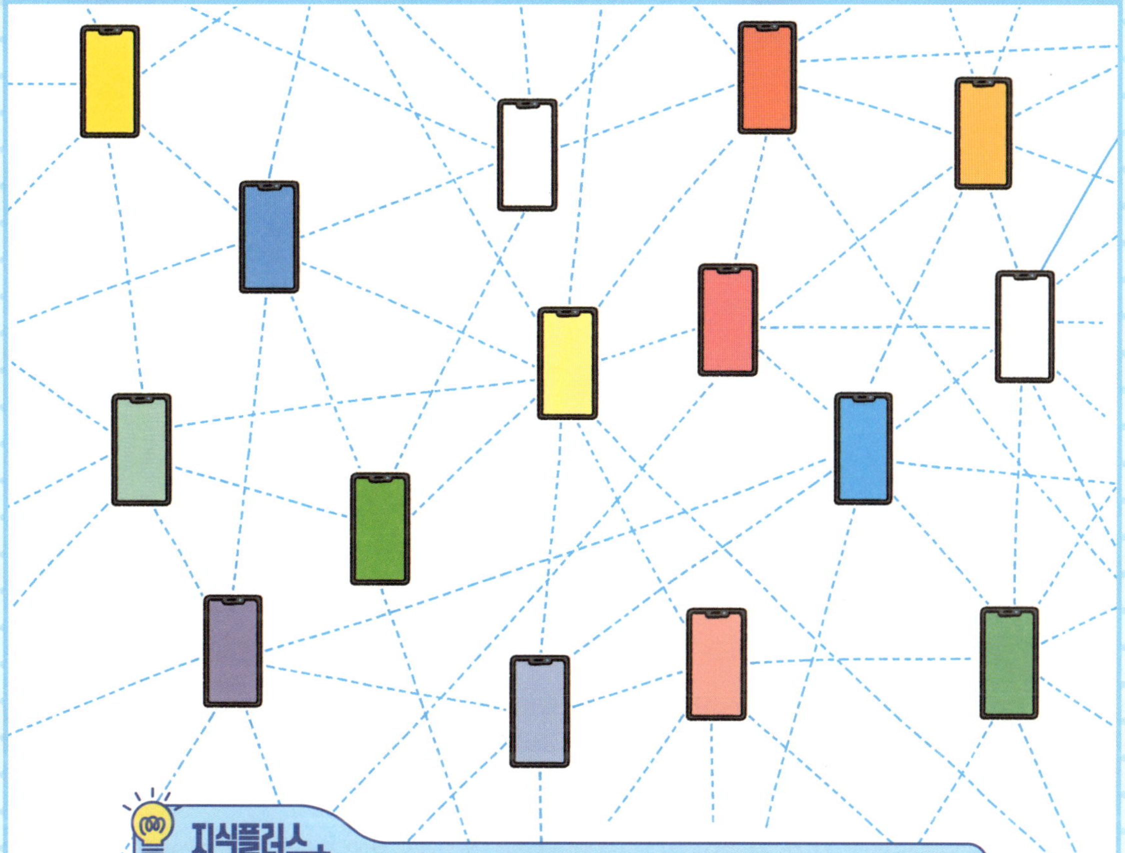

지식플러스+

내 일상을 담은 영상, 브이로그(V-log)

브이로그는 영상 장치를 뜻하는 '비디오(Video)'와 기록한다는 뜻의 '로그(Log)'를 합친 단어예요. 자신의 일상을 동영상으로 찍어 인터넷에 공유하는 것을 뜻하죠. 2010년대 중반 즈음 인터넷 속도가 매우 빨라지고 동영상 플랫폼 사용자가 급격히 늘자, 카메라를 대신할 만큼 성능 좋은 스마트폰이 보급되면서 브이로그 문화가 널리 퍼졌지요.

기억하는 뇌는 어떨까?

뇌는 무엇을 기억할까?

기억은 어떻게 만들어질까?

지금 이 순간에도 수많은 정보가 우리의 뇌 속으로 들어오고 있어. 주변 온도가 어떤지, 어떤 소리가 들리는지, 기분이 어떤지, 내 몸의 어디가 불편한지 등 감각 정보와 감정 상태, 신체 반응과 같은 정보들이 한꺼번에 쏟아지듯 들어오지.

하지만 이런 정보들이 뇌에 머무는 시간은 아주 짧아. 1분도 채 되지 않지. 새로운 정보가 들어오는 순간 기존에 있던 정보는 대부분 사라지거든. 이렇게 짧게 머물다가 사라지는 정보를 '단기 기억'이라고 해.

그런데 단기 기억 중 어떤 기억은 '장기 기억'으로 저장되어 뇌에 오래 남아 있기도 해. 우리가 머릿속으로 떠올리는 기억은 바로 이 장기 기억들이야.

　물론 장기 기억이라고 해서 뇌 속에 영원히 새겨지는 건 아니야. 기억은 시간이 흐를수록 사라지거나, 내용이 달라지기 마련이야. 그래서 사람들은 기억을 잊지 않기 위해 문자나 그림으로 기록을 남기거나, 디지털 세계에 저장하기도 해.

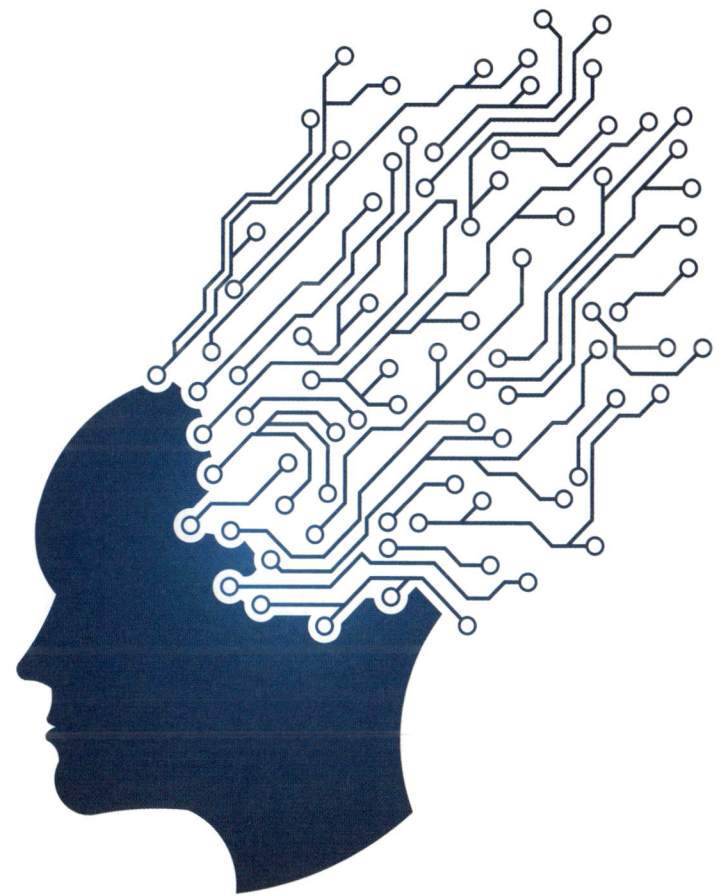

단기 기억을 장기 기억으로 만들어 주는 해마

단기 기억을 장기 기억으로 저장하려면 '해마'라는 곳을 거쳐야 해. 해마는 단기 기억 중에서 꼭 필요한 정보를 골라 신피질(대뇌를 둘러싸고 있는 쭈글쭈글한 겉껍질의 약 90%)로 보내는 일을 하고 있어.

신피질은 네 개의 영역(뒤통수엽, 관자엽, 마루엽, 이마엽)으로 나뉘어 있어. 해마가 보낸 정보 중 시각 정보는 뒤통수엽(후두엽), 청각과 후각은 관자엽(측두엽), 신체 감각과 공간 감각은 마루엽(두정엽)으로 보내져서 장기 기억이 되는데, 이렇게 흩어진 정보들은 이마엽(전두엽)에 한꺼번에 모여서 기억으로 꺼내 올려지지.

민구가 대웅이와의 추억을 오래 기억할 수 있었던 것도 해마가 대웅이와의 추억을 신피질로 보내 장기 기억으로 만들었기 때문이야.

해마는 어떤 기억을 장기 기억으로 저장할까? 해마가 꼭 필요하다고 판단하는 기억은 생존과 관련된 정보야. 생명을 위협하는 상황이나, 장소, 사물 같은 것들이지. 이 밖에도 되풀이해서 생각한 정보, 나의 감정과 함께 들어온 정보, 매우 인상적인 정보도 신피질로 잘 이동해서 장기 기억이 될 수 있어. 반면에 따분하고 지루한 기억은 신피질로 이동하지 않아.

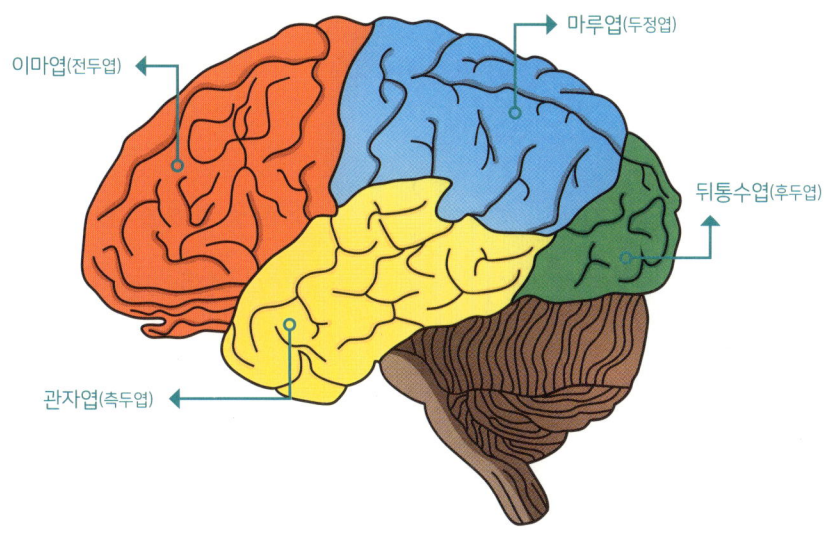

 지식플러스+

비운의 사고로 밝혀진 해마의 비밀

1953년 미국, 27세의 헨리 몰레이슨이 뇌전증 치료를 위해 해마 제거 수술을 받았어요. 수술 이후 몰레이슨의 뇌전증은 말끔히 사라졌어요. 그런데 기억에 문제가 생겼어요. 수술 이전의 기억은 그대로 있는데, 수술 이후의 일들은 몇 초 이상 기억할 수 없게 된 거예요. 의사들은 이때 처음으로 해마가 기억을 저장하는 곳이라는 사실을 알았어요. 이 사건은 뇌과학 발전에 이바지한 놀라운 발견이었지만, 안타깝게도 몰레이슨은 죽을 때까지 단기 기억만 가지고 살아야 했어요.

기억은 감정과 연결되어 있어

어떤 기억에는 감정이 섞여 있어. 맛있는 음식을 먹었을 때의 기쁨, 어려운 수학 문제를 풀었을 때의 뿌듯함, 캠핑을 떠날 때의 설렘처럼 말이야.

감정이 더해진 기억은 그렇지 않은 기억에 비해 뇌에 더욱 선명하게 자리 잡아. 해마 옆에 위치한 '편도체' 때문이야. 아몬드 모양의 편도체는 기쁨, 슬픔, 분노와 같은 다양한 감정을 조절하는 부위야. 여러 감정 중에서도 공포에 가장 예민하게 반응하지.

뇌에 어떤 기억이 들어올 때, 편도체에서 감정을 강하게 느끼면 느낄수록 해마는 꼭 필요한 정보라고 판단을 내려. 그래서 기억에 감정이 많이 섞일수록 그 기억은 뇌에 오래 남게 되는 거야.

특히 공포나 불안을 느꼈던 기억은 뇌에 더 깊게 저장돼. 나를 위험에 빠뜨린 순간을 잘 기억해서 비슷한 일이 반복되지 않도록 하기 위해서지.

또한 아주 즐거웠던 기억도 머릿속에 오래 남아 있어. 영화를 감상할 때 웃으면서 재밌게 본 장면은 시간이 흘러도 기억이 잘 나는 것처럼 말이야.

그래서 공부를 할 때도 흥미를 느끼고 즐겁게 한 내용은 필요한 순간

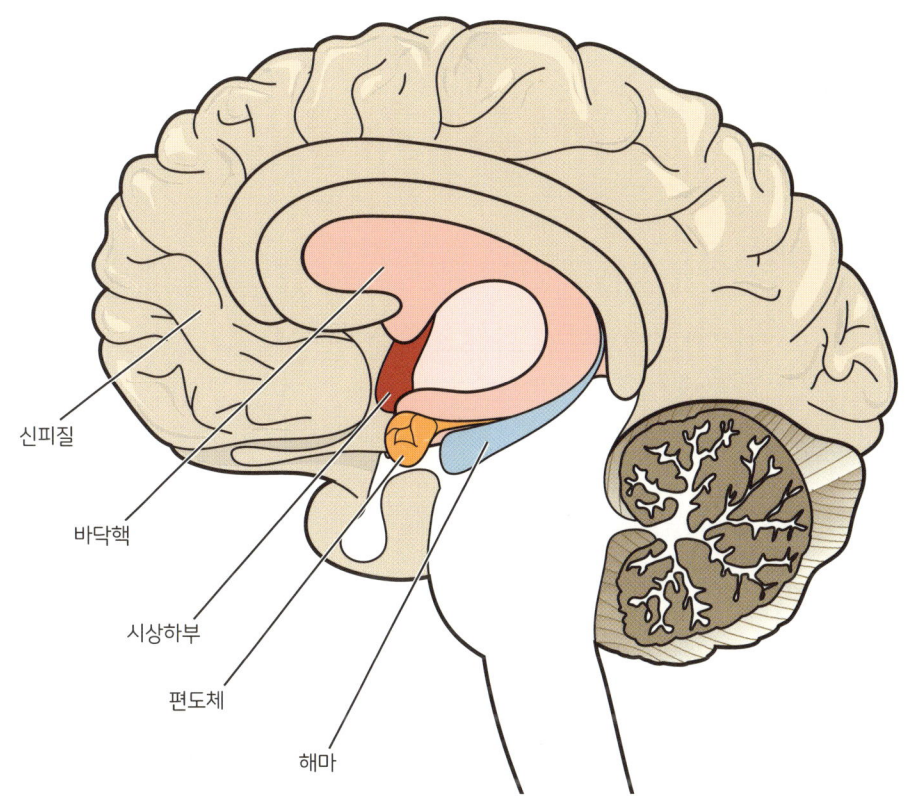

신피질

바닥핵

시상하부

편도체

해마

에 잘 떠오르지만, 하기 싫어서 억지로 머릿속에 넣은 내용은 금세 잊어버리게 돼.

그러니까 기억을 오래 유지해야 하는 일이 있다면, 즐거운 기분을 가질 수 있도록 노력해 봐. 나중에 기억을 떠올릴 때 도움이 될 거야.

지금, 기억과 저장은?

라이프로깅에 저장되는 건강 기록

> 라이프로깅에 저장되는 건강 기록

디지털 공간에 일상을 공유하는 라이프로깅뿐만 아니라, 건강관리를 도와주는 라이프로깅도 있어. 바로 '건강관리 앱'이야.

건강관리 앱에 키, 체중, 나이 등 내 정보를 저장하면 나에게 맞는 건강 정보와 운동을 추천받을 수 있어. 운동을 마치면 활동량, 심박수, 칼로리 소모량, 목표 달성 수치 등 운동 기록을 알 수 있지.

이런 정보들을 모두 머릿속으로 기억하기는 힘들 테고, 일일히 직접 기록하는 것도 번거로울 거야.

이럴 때 건강관리 앱의 도움을 받으면 좋아. 자동으로 수치를 측정해 주고 기록을 저장해서 분석까지 해 주거든.

건강관리 앱은 결과들을 자동으로 저장했다가, 실시간으로 건강 정보에 반영해.

원한다면 나의 운동 기록을 메타버스 공간에 공유할 수도 있어. 사람

들과 한 공간에 모여서 운동하지 않더라도 메타버스 공간에서 서로의 운동 과정을 지켜보고 응원하면서 선의의 경쟁도 할 수 있지.

　이처럼 라이프로깅을 현명하게 사용하면 일상에서 매우 실용적인 도움을 받을 수 있어.

교과서 속 뇌과학 키워드

 # 대뇌 몸의 각 부위에서 전달된 정보를 분석하고 기억하고 판단하고 명령을 내려요. 뇌 전체의 80%를 차지하고 있어요.

 # 감정 어떤 일에 대해 일어나는 마음이나 기분이라는 뜻이에요. 감정이 섞인 기억은 뇌 속에 오래 남아 있어요.

제 4 장

내가 아바타에 몰입하는 이유!
거울 신경세포

누가 내 아바타를 때렸어요

민폐 아바타는 싫어

해찬이는 HMD를 쓰고 VR 게임기를 켜서 〈몬스터〉에 접속했어요. 〈몬스터〉는 해찬이가 가장 좋아하는 메타버스 게임이에요. 제한 시간 안에 몬스터를 피해 특정 장소에서 탈출하는 게 목표지요.

해찬이는 탈출 장소로 폐교를 골랐어요. 폐교 플레이는 중급자 레벨이 되어야 즐길 수 있는 테마로, 정원은 세 명이에요. 해찬이가 입장하자마자 바로 뒤이어 두 명이 더 들어왔어요. 한 명은 '오드아이', 한 명은 '슈퍼루키'예요.

세 명이 모두 모이고 바로 게임이 시작됐어요. 게임의 시작 장소는 어두컴컴하고 낡은 교실이었어요. 주어진 시간은 20분. 20분이 끝나기 전에 몬스터의 공격을 피해 열쇠 5개를 찾아서 교문 밖으로 나가야 해요.

별안간 복도가 우당탕 시끄럽게 울리더니, 앞문을 부수며 몬스터들이 들이닥쳤어요. 해찬이, 오드아이, 슈퍼루키는 잽싸게 뒷문으로 빠져

나갔어요. 해찬이 아바타의 동작이 가장 빨랐어요. 용돈을 털어서 산 강화 부츠 아이템 덕분이었죠.

"우와, 솔라맨 님. 스피드 대박!"

오드아이가 감탄하면서 말했어요.

'솔라맨'은 해찬이의 아바타예요. 해찬이는 자신이 칭찬을 들은 양 우쭐했어요.

그런데 바로 그때였어요.

"아악!"

뒤에서 비명이 들렸어요. 해찬이가 뒤돌아보니 슈퍼루키가 몬스터의 공격을 받고 쓰러져 있었어요.

"헐. 시작하자마자 탈락? 그 실력으로 폐교 플레이에는 왜 온 거지? 슈퍼루키 님은 앞으로 초급자 방에서 노세요."

해찬이는 HMD에 달린 마이크에 대고 비아냥거렸어요. 실력도 없으면서 중급자 코스에 온 슈퍼루키가 완전 민폐라는 생각이 들었어요.

"죄송합니다."

슈퍼루키가 잔뜩 주눅 든 목소리로 사과하더니, 곧 게임에서 사라졌어요.

아바타지만 기분 나빠

"우리끼리 잘해 봐요!"

오드아이가 해찬이 아바타의 어깨를 툭툭 치며 말했어요. 해찬이는 오드아이가 왠지 믿음직스럽게 느껴졌어요.

오드아이는 게임 실력도 좋았어요. 어려운 퍼즐을 척척 풀더니 힌트를 얻어서 열쇠가 있는 장소도 금방 찾아냈어요.

"오드아이 님, 진짜 대단해요!"

해찬이는 오드아이가 고마웠어요. 이번 판은 망했다고 생각했는데, 오드아이 덕분에 게임이 술술 풀렸어요.

해찬이와 오드아이는 짧은 시간이지만 함께 열쇠를 찾으며 조금 친해졌어요. 오드아이는 중학생 2학년이라고 했어요. 5학년인 해찬이보다 세 살이 많은 형이었어요.

"야! 아직 못 찾았냐? 잘 좀 찾아봐. 시간 없어."

"야! 교무실 좀 뒤져 봐."

그런데 게임을 할수록 오드아이가 해찬이를 "야! 야!"라고 부르며 명령을 내리듯 말했어요. 해찬이가 무언가 실수하면 왜 그렇게 멍청하냐며 짜증도 냈어요.

해찬이는 슬슬 기분이 나빠졌어요. 하지만 못 들은 척하고 게임에만 집중하기로 했어요. 시간도 얼마 안 남았는데, 괜히 분위기를 불편하게 만들고 싶지 않았거든요.

이제 찾아야 할 열쇠는 한 개밖에 남지 않았어요. 남은 시간은 3분. 넉넉하진 않지만 충분히 찾을 수 있을 거 같았어요.

"어? 저기에 열쇠 있어요!"

해찬이가 사물함 안에서 마지막 열쇠를 찾았어요.

"안 돼!"

오드아이가 해찬이를 말렸지만, 그보다 먼저 해찬이가 열쇠를 집어 들었어요.

바로 그때, 남은 시간이 순식간에 2분으로 훅 줄어들었어요.

"야! 눈이 삐었냐? 이거 가짜 열쇠잖아. 이런 훼이크에도 속냐? 진짜 멍청한 새끼네."

오드아이가 소리를 질렀어요. 그러더니 주먹을 들어서 해찬이 아바타의 머리를 퍽, 하고 때렸어요.

"헉!"

그 순간, 해찬이는 강한 충격을 받았어요. 실제로 머리를 맞은 것처럼 뒤통수가 얼얼한 느낌마저 들었어요.

"왜? 아프냐?"

"아프진 않지만, 기분 나빠요!"

참다 참다 해찬이가 소리쳤어요.

"뭐래. 원래 게임은 이렇게 서로 욕도 하고 툭툭 치면서 하는 거야. 게임 안 해 봤냐?"

하지만 오드아이는 자신의 행동이 아무렇지 않은 듯 말했어요.

"그래도 맞은 사람은 기분이 나쁘다고요."

"바보 아니야? 네가 맞은 것도 아닌데 기분이 왜 나빠? 아바타랑 구분이 안 되냐?"

오드아이는 해찬이를 바보 취급했어요. 오드아이가 너무 당당하게 나오니까 해찬이는 '내가 이상한 건가?'라는 생각마저 들었어요.

'오드아이 말처럼 아바타한테 한 행동일 뿐인데, 내가 지나치게 몰입했나?'

해찬이가 혼란을 느끼는 사이에 게임이 종료됐어요. 남은 1분을 다투는 데 쓰는 바람에 폐교 탈출은 실패로 끝이 나고 말았어요.

"에이, 재수 없어."

오드아이가 한마디 툭 내뱉고 사라졌어요.

해찬이의 심장이 기분 나쁘게 두근거렸어요. 해찬이는 숨을 길게 내쉬어 보았지만 한번 놀란 마음은 쉽사리 진정되지 않았어요.

아바타에게 공감하는 건 당연해

하루가 지났지만, 해찬이 머릿속에는 어제 오드아이의 말과 행동이 계속 맴돌았어요. 해찬이는 침울한 표정으로 옆에서 드라마를 보는 아빠를 힐끔 쳐다봤어요.

어제 있었던 일에 대해 의논하고 싶었지만, 입이 잘 떨어지지 않았어요. 안 그래도 아빠는 해찬이가 게임 하는 걸 별로 좋아하지 않는데, 어제 일까지 알게 되면 아예 게임을 못 하게 할까 봐 걱정되었죠.

갑자기 아빠가 옆에서 훌쩍거렸어요. 아빠의 눈가가 촉촉했어요.

"아빠, 지금 울어요?"

해찬이가 놀라서 물었어요.

"저 장면 되게 슬프네. 우리 아버지도 생각나고……."

아빠가 휴지로 눈물을 닦으며 TV를 가리켰어요. TV 드라마에서는 어떤 아저씨가 돌아가신 아버지의 사진을 붙들고 엉엉 울고 있었어요.

"네? 할아버지는 잘 계시잖아요? 아침에도 통화해 놓고……."

"그래도 왠지 저 사람 마음이 공감 가서 슬퍼."

해찬이는 아빠가 의아하게 느껴졌어요. 자신과 상황이 전혀 다른데도 드라마 속 인물을 보며 자기의 일처럼 눈물을 흘리다니 말이에요.

그러다가 문득 어제 있었던 일이 다시 떠올랐어요.

'혹시 드라마를 보면서 슬퍼하는 아빠의 마음과 어제 아바타가 맞는 걸 보고 기분이 나빴던 내 마음이 비슷한 게 아닐까?'

"아빠, 사실 어제 누가 제 아바타를 욕하고 때렸는데 그 후로 너무 기분이 나빠요."

해찬이는 아빠에게 어제 있었던 일을 모두 설명했어요.

"해찬아, 네가 어제 그런 일을 겪고 기분이 나쁜 건 당연한 거야."

"그런데 그 형은 제가 아바타한테 과하게 몰입해서 그런 거래요."

"사람의 뇌 속에는 상대방의 생각과 감정을 따라 하거나 공감하는 거울 신경세포라는 게 있어. 아까 아빠가 드라마를 보다가 눈물을 흘린 것도, 아빠가 직접 겪은 일은 아니지만 그 사람의 감정을 따라 느꼈기 때문이야. 그러니까 아바타가 당한 일을 보고 아바타가 느꼈을 감정을 똑같이 느낄 수도 있는 거야."

"그러면 제가 이상한 게 아닌 거죠?"

"그럼. 상대방이 누구인지 알 수 없는 상태로 게임을 하다 보면 평소보다 말과 행동을 함부로 하기 쉬워. 자기 행동에 대한 책임감이 덜 느껴지기 때문이야. 하지만 그런 일을 당한 사람은 아바타끼리 있었던 일이라고 해도, 실제로 그런 일을 당한 것처럼 충격에 빠질 수 있어."

아빠에게 모두 털어놓았더니 해찬이의 마음이 한결 편안해졌어요. 그때 불현듯 어떤 생각이 떠올랐어요. 해찬이는 후다닥 방으로 들어가서 VR 게임기를 켰어요.

그리고 닉네임을 검색해서 누군가를 찾기 시작했어요. 해찬이가 찾는 사람은 슈퍼루키였어요. 어제 해찬이가 함부로 던진 말 때문에 슈퍼루키도 상처받았을지도 모르겠다는 생각이 들었거든요.

슈퍼루키 님, 어제 제가 심하게 말해서 정말 죄송해요.

해찬이는 슈퍼루키에게 진심을 담아 메시지를 보냈어요.

주 인: 아바타

메타버스에서 만나는 또 다른 나

메타버스에서는 아바타가 곧 나야

메타버스에서 활동하려면 나라는 존재가 있어야 해. 그럴 때 디지털 공간에서 현실 공간에 있는 나를 대신하는 존재가 바로 '아바타'야. 그렇다고 해서 아바타가 꼭 나를 닮을 필요는 없어. 아바타는 내 외모, 성별, 국적, 나이 등과 전혀 상관없이 만들 수 있어. 동물이나 만화 캐릭터가 나의 아바타가 될 수도 있지.

메타버스 속 아바타는 현실 세계의 나와는 완전히 다른 새로운 신분을 얻게 되는 거야.

사람보다 더 사람 같은 아바타, 디지털 휴먼

실제 인간과 구별하기 어려울 정도로 정밀하게 만들어진 3D 가상 인간이 있어요. 바로 '디지털 휴먼'이에요. 수백 개의 카메라 렌즈와 조명으로 내 신체를 캡처한 다음, 인공지능을 활용해 목소리의 특징과 근육의 움직임을 학습시키면 메타버스 안에서 진짜 나처럼 표정을 짓고, 움직이고, 대화를 나눌 수 있어요.

가상의 아바타와 현실의 나는 어떤 사이일까?

새로운 신분으로 탄생한 아바타는 현실의 내가 어떤 사람인지 드러나지 않아. 이를 익명성이라고 해. 메타버스는 익명성이 보장되므로 평소보다 자기 생각을 솔직하고 자유롭게 표현할 수 있어. 그래서 부끄러움이 많은 사람도 메타버스에서는 친구를 쉽게 사귀기도 하는 거야.

하지만 익명성을 나쁘게 이용하는 사람도 있어. 자신의 진짜 모습을 아바타 뒤에 숨긴 채, 욕을 하거나 남을 속이거나 혐오의 말로 모욕을 주기도 하지. 심지어 다른 사람의 아바타에게 옷을 벗어 보라고 말하는 등 성범죄를 일으키기도 해.

어떤 행동을 해도 상대는 내가 누구인지 알 수 없으니 죄책감이 덜 느껴져서 나쁜 짓을 쉽게 저지르는 거야.

하지만 폭력과 범죄를 당한 사람은 그게 아무리 아바타라고 해도 큰 상처를 입고 트라우마에 빠지게 돼. 뇌는 아바타를 조종하는 동안 아바타를 또 다른 나로 인식하기 때문이야. 그렇기 때문에 메타버스에서 아바타를 대할 때도 진짜 사람을 대하듯 예의와 존중이 필요해.

공감하는 뇌는 어떨까?

서로를 이해할 수 있는 방법

거울 신경세포가 발견되다

해찬이는 아바타가 맞는 장면을 보기만 했는데도 마치 자신이 당한 것처럼 큰 충격을 받았어.

1990년대 초반 이탈리아에서 이와 비슷한 상황이 실험으로 이루어진 적이 있어. 뇌신경학자인 자코모 리촐라티는 원숭이의 뇌를 관찰하다가 원숭이가 접시에서 땅콩을 잡는 순간, 반응을 보이는 어떤 신경세포를 주목했어.

그런데 신기하게도 이 신경세포는 원숭이가 다른 사람이 땅콩을 잡는 모습을 보았을 때도 똑같은 반응을 보인 거야. 원숭이는 자기가 직접 '하는 것'과 다른 사람의 행동을 '보는 것'을 거울처럼 똑같이 받아들였던 거지.

이 실험 후에 다른 사람의 행동을 보기만 해도, 자신이 직접 행동한 것과 마찬가지로 반응하는 신경세포를 두고 '거울 신경세포'라는 이름을 붙였어.

공감의 비밀, 거울 신경세포

거울 신경세포는 아직 연구가 더 필요한 분야야. 지금까지 밝혀진 바로는 거울 신경세포가 가진 기능을 두고 두 가지 가설이 있다고 해.

첫 번째는 누군가의 행동을 모방할 때 거울 신경세포가 관여한다는 거야. 인류는 모방을 통해 발전해 왔어. 가족이나 주변 인물, 혹은 과거 인물들의 말과 행동을 유심히 관찰하고 따라하고 배우면서 불과 도구의 사용을 익히고, 언어를 배우고, 다른 행성에 우주선을 보낼 수 있을 정도로 발전을 거듭해 왔지.

두 번째 가설은 거울 신경세포는 누군가를 이해하는 데 중요한 역할을 한다는 거야. 미국의 마르코 야코보니 교수는 이와 관련된 한 가지 실험을 했어. 실험자에게 다양한 표정의 얼굴 사진을 보여 주고 뇌의 반응을 관찰한 거야. 그 결과 화난 표정을 봤을 때는 뇌에서 화났을 때 활성화되는 영역이, 웃는 표정을 봤을 때는 웃을 때 활성화되는 영역이 각각 반응을 보였어.

앞서 리촐라티의 원숭이 실험은 원숭이의 거울 신경세포가 상대의 행동을 보고 활성화되었다면, 이번 실험에서는 거울 신경세포가 다른 사람

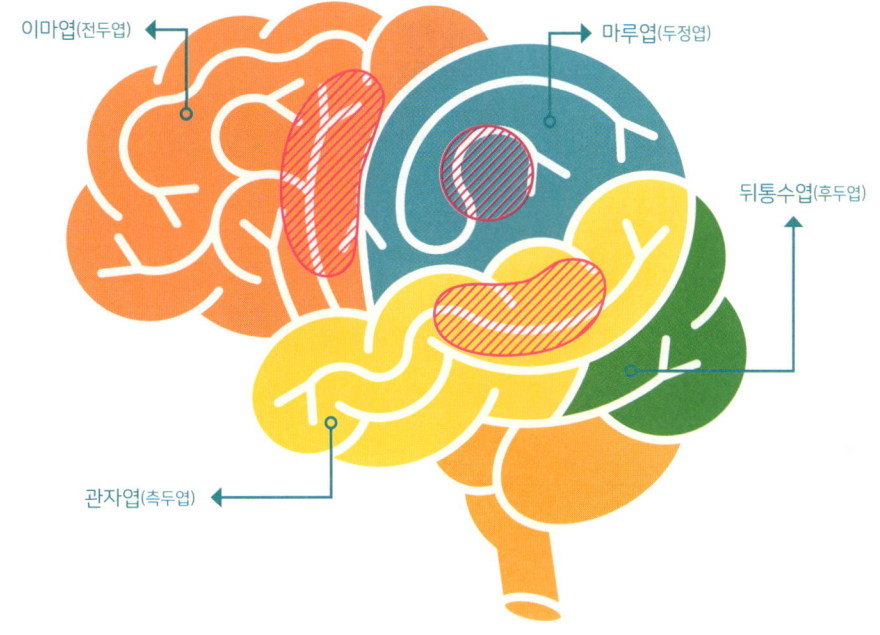

* 거울 신경세포는 이마엽 아래쪽과 마루엽 아래쪽, 관자엽 앞쪽 등 세 곳에 자리 잡고 있어요.

의 감정이나 생각을 똑같이 느끼고 이해할 때 활성화된다는 사실을 보여 주는 실험이었어.

누군가를 모방하거나 이해하는 것은 공감을 바탕으로 이루어지는 모습이야. 하지만 사람의 뇌가 어떤 방식으로 공감하는지는 아직 밝혀지지 않았어. 거울 신경세포의 역할과 기능이 지금보다 더 분명하게 드러나면 공감에 관한 비밀도 풀리게 될 거야.

지금, 거울 신경세포는?

슬픔을 나누고 극복하기 위한 게임

> 조엘의 삶을 게임으로

조엘은 미국에 사는 그린 부부의 셋째 아들이야. 그런데 조엘이 한 살 무렵 뇌종양에 걸리고 말았지. 조엘 가족은 조엘이 나을 수 있도록 갖은 노력을 다했지만, 조엘은 안타깝게도 다섯 살의 나이로 세상을 떠났어.

그린 부부는 조엘이 병마와 싸우는 과정을 <댓 드래곤 캔서>라는 게임으로 남겼어. 게임 속의 모든 상황은 조엘과 그린 부부가 실제로 겪은 일들이야.

플레이어들은 조엘의 부모가 되어 조엘의 삶을 지켜보면서 힘겨운 선택들을 이어가게 돼.

게임이 진행될수록 플레이어들은 게임에서나마 조엘이 살아나길 간절히 바라지만 게임의 결말은 정해져 있어. 바로 조엘의 죽음이야.

<댓 드래곤 캔서>는 다른 게임처럼 재미를 목적으로 하는 게임이 아니야. 그 대신 조엘과 가족이 겪은 아픔과 슬픔을 함께 나누고, 이와 비슷한 고통을 겪고 있는 수많은 사람들에게 위로를 주고 있지.

　현대의 뇌과학은 거울 신경세포의 원리를 이용한 게임처럼 사람들의 공감을 이끌어내는 수준까지 개발되었어. 인간의 감정에 영향을 끼칠 정도로 발전한 뇌과학 기술이 우리의 삶을 보다 나아지도록 만들고 있는 셈이지.

교과서 속 뇌과학 키워드

 # 자극 감각기관에 작용하여 반응을 일으켜요. 몸에 자극이 가해지면 신경세포가 자극을 받아들여 뇌로 전달해요.

 # 반응 자극에 대응하여 일어나는 현상이에요. 공이 날아오는 걸 보고(자극) 피하는 행동이나, 향기를 맡고(자극) 미소를 짓는 행동이 반응에 해당해요.

 # 공감 다른 사람의 감정이나 생각을 자신도 함께 느끼는 걸 말해요. 공감은 뇌 속의 거울 신경세포로 인해 일어나는 것으로 알려져 있어요.

행복한 발레리나

악몽 같은 공연

시아는 두 팔을 둥글게 모으고 음악에 맞춰 팽그르르 돌았어요. 시아가 움직일 때마다 새하얀 발레복이 나비의 날갯짓처럼 나풀거려요. 관중들은 시아의 아름다운 동작에 흠뻑 빠져서 눈을 떼지 못했어요.

지금 무대에서는 청소년 발레단의 가장 큰 행사인 연말 공연이 열리고 있어요. 이 무대에서 시아는 〈호두까기 인형〉의 주인공 마리 역을 맡아 춤을 추는 중이에요.

6학년 언니들을 제치고 주인공 자리를 꿰찰 만큼 멋진 솜씨예요. 하지만 저절로 얻어진 실력은 아니랍니다. 2학년 때 발레단에 입단한 후 5학년이 된 지금까지 하루도 쉬지 않고 연습한 덕분에, 꿈에도 그리던 주인공이 된 거예요.

그런데 너무 간절하게 원했던 무대여서일까요? 시아는 자신도 모르게 완벽한 모습을 보여 주고픈 욕심이 자꾸 앞섰어요. 그래서인지 동작을 할수록 온몸에 힘이 들어가면서 팔다리가 점차 뻣뻣해졌어요.

"아앗!"

결국 시아는 발목을 삐끗하며 철퍼덕 넘어지고 말았어요. 시아는 그 상태로 얼음처럼 굳고 말았어요.

이런 적은 처음이에요. 수많은 공연과 콩쿠르 무대에 섰지만, 이렇게 큰 실수를 한 적은 단 한 번도 없었어요.

'이시아! 당장 일어서!'

시아는 스스로를 다그쳤어요. 하지만 몸이 말을 듣지 않았어요. 눈앞이 캄캄해지면서 사방이 빙글빙글 돌았어요. 사람들의 웅성거리는 소리가 점점 커졌어요. 조금 전까지 시아를 보며 감탄하던 사람들이 이제는 모두 시아를 비웃는 것만 같았어요.

"겨우 저 정도 실력으로 마리 역할을 탐냈던 거야?"

"앞으로 발레는 그만두는 게 낫겠어."

진짜인지 가짜인지 알 수 없는 목소리들이 시아의 귓전을 울렸어요.

'아니야. 이건 꿈이야!'

시아는 귀를 틀어막고 고개를 마구 저었어요. 믿을 수 없을 만큼 끔찍한 순간이었어요.

한 마리의 백조처럼

공연을 망친 후 시아는 며칠 동안 끙끙 앓았어요. 열이 펄펄 나면서 먹은 음식을 모두 게워 냈고, 겨우 잠들고 나면 사람들이 시아를 둘러싸고 손가락질하는 악몽에 밤새 시달렸어요.

시아는 며칠이 지나서야 차츰 안정을 찾기 시작했어요. 하지만 끔찍한 악몽은 매일 밤 그대로였어요.

발레단원들은 다음 주에 있을 콩쿠르 준비에 한창이었어요. 마침 방학을 맞은 터라 다들 아침부터 연습실에 나와 구슬땀을 흘렸어요.

시아도 그 틈에 끼어 하루 종일 연습에 매달렸어요. 피곤함에 지친 날은 악몽을 꾸지 않고 푹 잘 수 있거든요.

시아는 집에 돌아온 후에도 쉬지 않았어요. 선글라스처럼 생긴 HMD를 쓰고 센서가 달린 운동복을 입은 후 메타버스 플랫폼 '굿 스테이지'에 접속했어요. 화면에 시아와 똑같이 생긴 아바타가 나타났어요.

시아의 아바타는 시아가 움직이는 모습을 똑같이 따라 했어요. 시아는 마치 거울을 보는 것 같았어요. 시아가 동작을 취하면 굿 스테이지 속 인공지능은 동작을 분석해 올바른 자세를 화면에 보여 주었어요. 시아는 인공지능이 알려 준 동작을 지칠 때까지 반복하며 연습했어요.

드디어 콩쿠르 날이 되었어요.

'저번에 큰 실수를 했으니까 이번에는 절대 실수하면 안 돼.'

시아는 그렇게 마음을 먹고 무대에 올라섰어요. 하지만 무대에 올라서자마자 머릿속이 새하얘지면서 무엇을 해야 할지 아무것도 떠오르지 않았어요. 시아는 당황한 얼굴로 주변을 두리번거렸어요.

그 순간, 무대 앞에 앉은 심사위원들의 얼굴이 마치 악몽에서 본 사람들 같았어요. 시아는 가쁜 숨을 내쉬며 온몸을 덜덜 떨기 시작했어요. 그러다가 더 이상 견디지 못하고 무대를 뛰쳐나갔어요.

그 뒤로 몇 번의 콩쿠르와 오디션이 더 있었어요. 하지만 그때마다 무대에 올라가기만 하면 숨을 쉬기가 힘들 정도로 괴로웠어요. 결국 시아는 매번 도망치듯 무대에서 뛰쳐 내려왔어요.

무대에 섰을 때 가장 행복했던 시아였지만, 이제 무대는 시아에게 공포스러운 공간이 되고 말았어요.

'이렇게 무대 위에서 벌벌 떨 바에야 발레 따위 그만두는 게 나아.'

시아는 발레복과 토슈즈를 옷장 깊숙이 처박아 버렸어요. 그러고는 발레 때문에 하지 못했던 것들을 하나씩 하기 시작했죠. 친구들과 실컷

놀고, 맛있는 것도 마음껏 먹고, 주말에는 늦잠도 푹 잤어요.

오늘도 하루 종일 침대 위를 뒹굴뒹굴하며 밤늦도록 유튜브를 보고 있었어요.

그런데 그때였어요. 휴대폰으로 문자 메시지가 왔어요. 메시지를 보낸 사람은 보나였어요. 보나는 발레단에서 함께 발레를 하던 친구예요.

> 시아야, 잘 지내? 다음 달에 연말 공연 오디션이 있대. 그런데 이번 공연은 <백조의 호수>야. 네가 정말 하고 싶어 했던 작품이잖아. 혹시 오디션 볼 생각 없어?

시아는 보나의 문자를 보자마자 가슴이 마구 뛰었어요. 하지만 곧 고개를 저으며 답장을 쓰기 시작했어요.

> 알려줘서 고마워. 그런데 이제야 겨우 마음이 좀 편해졌어. 다시 무대에 올라가고 싶지 않아.

답장을 완성한 시아는, 무엇 때문인지 한참을 망설인 후에야 전송 버튼을 누를 수 있었어요.

그날 밤. 시아의 꿈에서 백조 한 마리가 나와 눈부시게 새하얀 날개를 펼치고 공중에서 자유롭게 춤을 췄어요. 그런데 자세히 보니, 공중에서 춤을 추는 건 백조가 아니었어요.

바로 시아, 자신이었어요. 시아의 표정은 어느 때보다도 행복해 보였어요. 그 순간 시아는 눈을 번쩍 떴어요. 그러고는 펑펑 눈물을 흘렸어요.

"시아야, 무슨 일이야?"

시아가 우는 소리에 엄마가 깜짝 놀라서 달려왔어요.

"엄마, 저 다시 발레가 하고 싶어요. 엉엉."

언제부터인지 시아의 마음속에는 다시 무대에 서고 싶다는 바람이 자리 잡고 있었던 거예요.

다시 날아오르다

시아는 당장 발레단 단장님을 찾아갔어요.

"단장님, 저 아직도 무대가 무서운데, 다시 예전으로 돌아갈 수 있을까요?"

"그럼. 시아가 아무리 어려워하는 동작도 반복해서 연습하면 언젠가는 가능해졌지? 너의 뇌가 근육에 반복해서 명령을 내렸기 때문이야. 무대를 두려워하는 마음도 마찬가지야. 네가 포기하지 않고 노력하면, 너의 뇌는 반드시 무대에 대한 공포를 이겨낼 거야. 우리 뇌는 언제나 달라질 준비가 되어 있거든."

단장님의 설명을 듣는 동안, 시아의 마음에 안도감이 퍼졌어요.

시아는 아주 오랜만에 굿 스테이지에 접속했어요. 그러고는 설정 화면에 들어가서 배경을 바꿨어요. 주변이 순식간에 공연장 무대로 바뀌면서, 시아는 무대 한가운데에 서 있게 됐어요. 바로 그 순간, 또다시 눈앞이 캄캄해지면서 숨이 턱 막혔어요. 시아는 다급한 손길로 HMD를 벗었어요.

'안 돼, 이렇게 도망만 칠 순 없어. 단장님도 반드시 극복할 수 있다고 하셨잖아.'

시아는 심호흡을 한 뒤 다시 HMD를 쓰고 고쳐 썼어요.

그날부터 시아는 틈날 때마다 굿 스테이지에 접속해서 무대에 적응하기 위해 노력했어요. 어떤 날은 아무것도 하지 않고 그냥 서 있기만 한 적도 있고, 어떤 날은 음악만 듣다가 나온 적도 있었어요. 하지만 포기하지 않고 꾸준히 무대 위에 서다 보니 두려움이 조금씩 사라지는 것 같았어요.

한 달 정도 시간이 흘렀어요. 드디어 오디션 날이었어요.

시아는 떨리는 심장을 부여잡고 무대 위에 올라섰어요. 그러자마자 와락 두려움이 밀려와 두 눈을 질끈 감고 말았어요.

'괜찮을 거야. 굿 스테이지에서 수도 없이 무대에 올라서는 연습을 했잖아!'

시아는 마음을 다독이며 슬며시 눈을 떴어요. 그동안의 노력이 효과가 있었던 걸까요? 무대는 생각보다 무섭지 않았어요. 포기하지 않으면 무대에 대한 공포를 이겨낼 수 있을 거라던 단장님의 말씀이 진짜였나 봐요.

시아는 심사위원 앞에서 준비한 동작을 선보였어요. 음악에 푹 빠진 채 꿈에서 보았던 백조처럼 무대 위를 자유롭게 날아다니듯 춤을 췄어요. 시아의 가슴은 점차 벅차올랐어요.

오래 쉬었던 탓인지 몇 차례 실수가 있었지만, 개의치 않았어요. 시아는 새로운 사실을 깨달았거든요. 다른 사람들에게 완벽한 모습을 보여 주는 것보다 스스로 무대를 즐기는 것이 더욱 행복하다는 사실을 말이에요.

시아는 비로소 무대 위에서 다시 행복해질 준비가 되었어요.

줌 인: 디지털 트윈

현실 세계를 복사하다

거울처럼 똑같은 디지털 세상

메타버스는 현실에서 보기 힘든 모습을 가상으로 보여 주기도 하지만, 현실 세계에 존재하는 공간이나 환경 등을 쌍둥이처럼 똑같이 보여 주기도 해.

시아가 발레 오디션을 준비하던 무대처럼 말이야. 이를 '거울 세계' 혹은 '디지털 트윈'이라고 불러. 디지털 세계에 펼쳐진 쌍둥이라는 뜻이야.

거울 세계는 우리 생활 곳곳에서 활용되고 있어. 길을 찾을 때 한 번쯤 지도 앱을 이용한 적 있을 거야. 지도 앱이나 구글 어스, 내비게이션 등 인터넷 지도 서비스가 대표적인 거울 세계야. 그림, 사진, 아이콘 등을 활용

해서 지형, 도로, 건물 등 지리 정보를 실제와 매우 비슷하게 보여 주거든. 거기에 더해 가장 빠른 이동 경로, 추천 장소와 후기, 실시간 교통 상황까지 정말 다양한 정보를 함께 알려 주기도 해.

배달 앱도 거울 세계라고 할 수 있어. 어떤 음식을 주문할지 고르기 위해 식당을 일일이 방문하지 않아도 돼. 식당들이 보기 좋게 나열되어 있는 배달 앱을 열어서 몇 번의 터치만으로 음식 종류와 가격, 후기 등을 확인한 다음에 손쉽게 주문하지.

　이처럼 거울 세계는 현실 세계를 쌍둥이처럼 보여 주면서도 빠르고 편리할 뿐만 아니라 실제 경험하는 것보다 더 많은 정보를 알려 주기 때문에 우리의 삶 곳곳에서 실용적으로 쓰이고 있어.

거울 세계 속 경험으로 뇌가 달라진다고?

　거울 세계는 메타버스 세상에 펼쳐진 가상의 공간이야. 그렇다면 거울 세계에서 한 경험들은 현실의 나에게 아무 쓸모가 없을까?

　그렇지 않아. 앞서 보았던 거울 신경세포로 인해 뇌는 거울 세계에서의 경험도 내가 실제로 한 경험으로 받아들이거든.

그래서 마치 현실에서 직접 경험하는 것처럼 배울 수 있어. 소방관들이 화재 현장과 비슷하게 꾸민 거울 세계에서 안전하게 훈련을 받는 것처럼 말이야. 소방관들은 거듭 훈련과 실수를 반복하며 배우다 보면 실제 현장에서도 능숙하게 불을 끌 수 있어.

고소공포증, 비행공포증, 전쟁으로 인한 PTSD(외상후 스트레스 장애) 등 정신적인 충격을 받아 트라우마에 시달리는 증상도 거울 세계에서 치료할 수 있어. 공포를 느끼는 상황과 비슷한 환경을 거울 세계에서 안전하게 마주하도록 트라우마를 극복할 힘을 길러 주는 거지.

이처럼 거울 세계의 경험도 현실의 내가 달라지는 데 도움이 되고 있어.

가상공간에서 미리 해결해

가상공간을 현실과 똑같이 꾸민 거울 세계에서는 다양한 모의실험이 가능해.

예를 들어 도로를 만들기 전에 거울 세계 안에 먼저 만들어서 교통 흐름을 실시간으로 관찰할 수 있지.

실제 도시에 도로를 만든 후에 문제가 발견되면 해결책을 마련하는 데 많은 시간과 비용이 들겠지만, 모의실험을 통해 문제가 발견되면 미리 해결 방법을 찾을 수 있어.

실제로 싱가포르는 전 국토를 가상공간에 그대로 복제한 '버추얼 싱가포르(Virtual Singapore)'를 만들었어.

가상공간 안에 도로, 건물, 자연 등 싱가포르의 실제 모습을 그대로 담아냈기 때문에 인구, 복지, 환경, 교통 등 도시 문제를 해결하거나 새로운 계획을 세울 때 모의실험을 통해 앞으로의 모습을 예측하고 분석할 수 있어.

이처럼 현재 거울 세계 기술은 제조, 항공, 우주, 환경, 교육, 의료 등 넓은 분야에서 산업 발전과 사회문제 해결을 위해 고루 쓰이고 있어.

학습하는 뇌는 어떨까?

죽을 때까지 변화를 찾는 뇌

뇌가 변한다고?

신경세포 한 개는 다른 신경세포 천 개와 연결되어 있어. 뇌에는 약 천억 개의 신경세포가 있으니까, 신경세포와 신경세포가 맞닿은 부분은 천 곱하기 천억 개, 그러니까 무려 일백조 개가 있어.

이렇게 뇌 속에는 신경세포들이 어마어마한 그물을 이루고 있어. 그런데 이 그물의 형태는 수시로 달라져. 신경세포는 한번 연결됐다고 해서 고정되는 게 아니거든. 어떤 경험을 했느냐에 따라 신경세포의 연결이 끊기기도 하고, 다시 연결되기도 해. 뇌가 멈추는 순간까지 말이야. 이를 '뇌 가소성'이라고 해.

실제로 미국에서 여섯 살의 어린 아이가 뇌염에 걸려 뇌의 반쪽을 자르는 수술을 받았어. 뇌의 반쪽만 남은 아이는 걷지도 말하지도 못했지. 하지만 매일 물리치료와 언어치료를 받은 결과 서서히 원래의 건강한 모습으로 돌아갈 수 있었어.

아이의 머릿속에 남아 있는 뇌가 잘라낸 뇌의 역할까지 맡았기 때문이었지. 뇌의 역할이 고정된 게 아니라 상황에 따라 얼마든지 변할 수 있다는 걸 보여 준 사례였어.

지식플러스+

가소성과 플라스틱의 관계

무언가에 의해 모습이 달라진 후 그 상태로 유지하는 성질을 '가소성'이라고 해요. 영어로는 'plasticity'라고 쓰죠. '플라스틱(plastic)'이라는 말도 여기에서 나왔어요. 플라스틱 역시 물병, 장난감, 의자 등 어떤 형태로도 만들 수 있고, 그 상태로 유지하는 가소성을 가지고 있어요.

뇌는 어떻게 배울까?

신경세포는 쓰면 쓸수록 단단하게 연결돼. 그렇기 때문에 무언가를 반복할수록 뇌 속에서 잘 사라지지 않아. 운동선수가 똑같은 동작을 수백 번 훈련하고, 공부할 때 중요한 내용을 여러 번 보면서 외우는 것도 이 때문이야.

신경세포의 연결을 단단하게 만드는 또 다른 방법은 다양하게 시도해서 실패를 많이 하는 거야. 실패 횟수가 많으면 많을수록 좋아. 신경세포는 실패한 경험과 관련 있는 연결을 약화시키거든. 그런 후에 남아 있는 연결을 강화하는 데 더 집중하지.

그러니까 누구든 실패를 두려워할 필요는 없어. 실패가 쌓일수록 성공으로 가는 길이 더욱 단단해질 거야.

커넥톰이 똑같은 사람은 아무도 없어

무언가를 배우고, 경험하고, 생각할 때마다 신경세포들의 연결 구조는 실시간으로 바뀌어. 연결의 세기가 강해지거나 약해지기도 하고, 새로운 연결이 생기거나 기존의 연결이 끊길 수도 있어. 연결선이 길어지거나 줄어들기도 하지. 이러한 연결 구조를 파악해서 만든 뇌 지도를 '커넥톰'이라고 해.

　이 세상에 나와 똑같은 커넥톰을 가진 사람도 있을까?

　절대 없을 거야. 나의 모든 것을 그대로 복사한 복제 인간이 있다고 해도 커넥톰만은 다를 수밖에 없어.

　아주 짧은 순간만 비교해 보아도 나와 복제 인간이 각자 뇌에서 받아들이는 감각, 정보, 생각, 감정 등은 다를 테니까 말이야. 그 과정에서 나의 커넥톰은 복제 인간의 커넥톰과는 다른 형태로 연결이 이루어질 거야.

　이렇게 보면 나와 똑같은 사람은 있을 수 없어. 그러니까 이 세상 누구든 단 하나뿐인 소중하고 특별한 존재라고 할 수 있어.

지금, 뇌가소성은?

뇌를 달라지게 만드는 가상현실 치료법

디지털 트윈으로 치매를 치료한다고?

치매 환자들이 과거를 회상하면 신경을 자극 받아서 기억과 인지 능력이 향상될 수 있다고 해. 그래서 소중한 추억을 가상현실 안에 똑같이 만드는 디지털 트윈 기술이 여러 단체에서 개발되고 있어.

기술이 완성되면 치매 환자들이 HMD를 쓰는 순간, 시간 여행을 한 것처럼 젊은 시절의 추억을 생생하게 경험하게 될 거야. 현실감과 몰입감이 높을수록 치매 환자들의 신경세포를 강하게 연결해서 기억과 인지 능력을 기르는 데 도움이 된다고 해.

가상현실로 고소공포증을 치료한다고?

공포증을 치료하기 위해 공포의 대상과 마주하도록 하는 치료법을 '노출 치료'라고 해. 공포의 대상을 오랜 시간 혹은 반복적으로 마주해도 나에게 아무 문제가 발생하지 않는다는 사실을 깨달으면 공포심이 감소되는 원리야.

실제로 테러나 대인, 비행, 건물 붕괴, 전쟁 등의 공포증을 앓고 있는 사람들에게 가상현실에서 공포의 대상과 마주하도록 해서 치료를 돕는 사례들이 많아.

가상현실을 활용해서 노출 치료를 하면 어떤 점이 좋을까?

우선 실제 장소에 가지 않아도 된다는 장점이 있어. 폭탄 테러나 전쟁을 겪은 사람을 실제 현장으로 데려갈 수는 없지만, 가상현실이라면 얼마든지 비슷한 상황을 꾸며 줄 수 있어.

두 번째로 환자 상태에 따라 노출 환경을 조절할 수 있어. 환자의 공포심이 높은 상태인데 무작정 공포의 대상을 노출하면 역효과가 날 수도 있어. 그래서 가장 약한 단계부터 점차 강한 단계까지 점진적으로 노출을 진행해야 하는데, 가상현실에서는 환자 상태에 따라 노출 강도, 속도, 순서 등을 세밀하게 맞출 수 있어.

무엇보다 가장 중요한 장점은 안전이야. 물공포증이 있는 사람이 노출 치료를 위해 물에 들어갔다가 당황해서 빠져나오지 못할 수도 있고, 고소공포증이 있는 사람이 높은 곳에 올라갔다가 추락 사고를 일으킬 수도 있지만 가상현실에서는 이러한 안전사고가 거의 일어나지 않아.

교과서 속 뇌과학 키워드

 # 적응 생물이 주변 환경에 맞추어 살아가는 걸 말해요. 생물은 생존을 위해 환경에 적응하며 살아가요. 때로는 아주 오랜 기간에 걸쳐 자손들의 생김새나 생활 방식을 바꾸기도 해요. 뇌가소성은 생물이 환경에 따라 알맞게 적응할 수 있도록 돕는 뇌의 중요한 특성이에요.

제 6 장

매일 게임을 즐기고 싶어!
시냅스와 신경전달물질

내 꿈은 프로게이머

레벨 테스트 전날 밤

태웅이는 빼꼼 방문을 열고 밖을 내다봤어요. 어두컴컴한 거실이 조용했어요. 드디어 엄마, 아빠가 잠드신 거 같아요. 태웅이는 슬쩍 미소를 지으며 조용히 방문을 닫았어요.

방 안으로 들어온 태웅이는 책상 서랍에서 고글을 꺼냈어요. 그러다가 문득 책상 위에 펼쳐진 수학 문제집을 힐끔 쳐다봤어요. 문제를 푼 흔적은 없고, 온통 어지러운 낙서뿐이에요.

'내일 레벨 테스트 준비해야 하는데…….'

수학 학원에서 매달 치르는 레벨 테스트는 정말 사람을 피 마르게 해요. 조금만 등수가 떨어져도 엄마와 선생님은 큰일 난 것처럼 태웅이를 몰아붙여요. 책상 위에는 풀어야 할 새 문제집이 쌓이고, 캄캄한 밤까지 보충수업이 이어지죠.

태웅이는 마음에 돌덩이를 얹은 듯 무거웠어요. 하지만 다시 고글로

눈길을 돌린 순간 그 마음은 사르르 사라졌어요.

'딱 한 판만 하고 공부하면 되지 뭐.'

태웅이는 고글을 끼고 메타버스 게임 〈오두막〉에 접속했어요. 〈오두막〉은 상대편의 기지를 뺏어오는 서바이벌 게임이에요. 그러기 위해선 가차 없이 총을 쏘아 상대편을 죽여야 하죠.

사실 〈오두막〉은 어른들이 하는 게임이에요. 하지만 태웅이는 엄마의 휴대전화로 몰래 성인 인증을 받아 가입했어요. 그전까지 하던 게임들이 어느 순간 시시해졌거든요.

태웅이는 상대를 향해 신나게 총을 쏘았어요. 레벨 테스트 때문에 쌓인 스트레스가 한꺼번에 날아가는 거 같아요. 역시 골치 아픈 문제에서 벗어나고 싶을 때는 게임이 최고예요. 메타버스 게임은 그 안에 들어간 듯한 착각이 들어서 더욱 쾌감이 느껴져요.

"오! 좀 하는데?"

태웅이가 거침없이 상대를 쓰러뜨리는 모습을 보더니, 같은 팀 중 누군가 태웅이를 추켜세우는 말을 했어요.

'이 정도는 당연하지. 프로게이머가 될 건데.'

태웅이는 속으로 우쭐했어요.

지금까지 태웅이는 꿈이 없었어요. 하고 싶은 것도, 잘하는 것도 없었거든요. 그저 어른들이 하라는 대로 열심히 공부해서 이름난 대학에 들어가는 게 꿈이라면 꿈이었어요.

하지만 게임을 하면서 꿈이 생겼어요. 바로 프로게이머예요. 게임을 한번 시작하면 시간 가는 줄 모를 정도로 재미를 느끼고, 재능도 있는 거 같아요.

그런데 갑자기 바로 옆에서 날카로운 목소리가 들렸어요.

"유태웅!"

엄마였어요! 동시에 태웅이의 눈앞이 환해졌어요. 엄마가 태웅이의 고글을 확 벗겨 버린 거예요.

"아, 진짜!"

태웅이는 벌컥 소리쳤어요. 짜증이 치밀어서 참을 수가 없었어요. 상대의 기지를 뺏기 직전이었는데, 엄마 때문에 중요한 순간을 망쳤단 말이에요.

"지금이 몇 시인데, 여태 게임을 하고 있어?"

엄마가 지르는 소리에 태웅이는 시계를 쳐다봤어요. 헉! 벌써 12시가 넘었어요. 게임을 끝내기 싫어서 한 판만 더, 한 판만 더, 하다 보니 어느새 두 시간을 훌쩍 넘겼나 봐요.

엄마는 내일 레벨 테스트에서 등수가 떨어지기만 해 보라며 으름장을 놓고 나갔어요. 엄마가 나가자 태웅이는 침대에 누웠어요. 하지만 끝내지 못한 게임 장면이 눈앞에 아른거려 도무지 잠을 잘 수가 없었어요.

태웅이는 슬그머니 일어나 다시 고글을 썼어요.

엘리베이터에서 만난 윗집 누나

다음 날 아침이 되었어요.

"학교 다녀오겠습니다."

태웅이는 집을 나와 엘리베이터를 기다렸어요. 새벽까지 잠도 안 자고 게임을 하느라 무척 피곤했어요. 게임을 왜 그렇게 오래 했는지, 후회가 밀려왔죠. 하지만 그 생각도 잠시. 게임을 떠올리니까 또다시 마음이 근질거렸어요. 태웅이는 휴대전화를 꺼내 〈오두막〉 게임 영상을 찾아보기 시작했어요.

그러고 있으니 곧 엘리베이터가 도착했어요. 안에는 이미 누군가 타고 있었어요. 곁눈질로 힐끗거리니 가끔 마주쳤던 위층 누나였어요.

"게임 좋아하니?"

위층 누나가 태웅이에게 불쑥 말을 걸었어요.

"그런데 네가 지금 보는 게임은 어른들이 하는 거 아니니?"

"네?"

태웅이는 나에게 왜 이런 말을 하나 황당해서 누나의 얼굴을 빤히 쳐다봤어요.

"누나도 어릴 때 게임에 엄청나게 빠져 살았어. 그런데 우리 뇌는 점점 더 강한 자극을 원하기 때문에 아무리 해도 만족할 수가 없어. 너도 게임에 너무 빠지지 않게 조심해."

마침 엘리베이터가 1층에 도착해서 문이 열렸어요.

'뭐래? 무슨 상관이야?'

태웅이는 이상한 누나라고 생각했어요. 그러고는 엘리베이터에서 서둘러 내렸어요.

며칠이 지났어요. 학원을 마치고 집으로 가는 태웅이의 발걸음이 천근만근 무거웠어요. 얼마 전에 치른 레벨 테스트 결과가 나왔거든요. 걱정했던 대로 태웅이는 등수가 많이 내려갔어요. 심지어 우등반에서 떨어져서 일반반으로 옮겨야 했어요.

'일반반으로 떨어질 줄은 몰랐는데……. 엄마한테 어떻게 말하지?'

태웅이의 고개가 바닥으로 점점 꺾였어요.

"유태웅! 너 우등반 떨어졌다며?"

집에 들어가자마자 엄마의 날카로운 목소리가 귀에 꽂혔어요. 누군가에게 결과를 이미 들었나 봐요.
"매일 게임만 하더니, 도대체 어떻게 하려고 그래? 앞으로

게임 금지야!"

엄마는 머리 끝까지 화가 난 표정으로 태웅이의 고글을 흔들며 말했어요.

"돌려주세요. 저 프로게이머 될 거란 말이에요!"

"뭐? 프로게이머? 그건 아무나 되는 줄 알아? 이건 버릴 거야!"

엄마가 정말 쓰레기통 안으로 고글을 집어 던졌어요.

"안 돼요!"

태웅이는 소리를 지르며 쓰레기통에서 고글을 꺼내려고 했어요. 엄마가 태웅이를 말리려고 손을 뻗었어요. 그 순간 태웅이의 눈에는 엄마가 〈오두막〉에서 태웅이의 기지를 뺏으려고 하는 상대편처럼 느껴졌어요.

태웅이는 자신도 모르게 있는 힘껏 엄마를 밀쳤어요.

"으윽."

엄마가 넘어지면서 탁자 모서리에 이마를 부딪혔어요. 엄마의 비명 소리에 태웅이의 몸이 그대로 굳었어요.

"어, 엄마!"

태웅이는 소리 지르듯 엄마를 불렀어요. 자기 손으로 엄마를 밀쳤다는 사실에 너무 놀라 온몸이 벌벌 떨렸어요.

프로게이머와 게임 중독자의 차이

그날, 엄마는 병원에 다녀와야 했어요. 태웅이는 그 후로 게임을 줄이려고 노력했어요. 게임 장비들을 엄마에게 맡기고, 주말에만 받아서 잠시 즐겼어요. 어른들이 하는 게임이었던 〈오두막〉은 아예 탈퇴했고요.

하지만 게임을 줄이는 게 쉽진 않았어요. 밥 먹을 때도, 학교에서 공부할 때도, 잠을 자려고 누웠을 때도, 하루 종일 게임 생각이 머릿속에서 떠나지 않았어요.

학교를 마치고 집에 갔는데, 엄마가 보이지 않았어요.

"어디 가셨지? 마트에 가셨나?"

태웅이는 고개를 갸웃했어요. 그런데 그때였어요.

"게임 하고 싶지 않아? 얼른 고글을 꺼내 와."

"프로게이머가 되고 싶으면 게임을 열심히 해야 해."

누가 자꾸 태웅이 귀에 대고 속삭이는 거 같았어요. 태웅이는 아무도 없는 걸 알면서도 주변을 두리번거리며 무언가에 이끌리듯 엄마 방으로 들어갔어요.

"엄마가 오기 전에 딱 한 게임만……."

태웅이의 심장이 두근거렸어요.

태웅이가 게임 장비를 꺼내기 위해 손을 뻗으려던 찰나, 달칵하고 현관문 열리는 소리가 들렸어요. 태웅이는 화들짝 놀라 거실로 나갔어요.

"태웅이 벌써 학교 갔다 왔구나?"

엄마가 현관에 들어서면서 말했어요. 그런데 엄마 옆에 누군가 서 있었어요.

"어?"

엘리베이터에서 만난 누나였어요.

"인사해. 윗집에 사는 누나야. 프로게이머래."

"네에?"

엄마의 말에 태웅이는 눈이 휘둥그레졌어요. 태웅이에게 게임에 너무 빠지지 말라고 말했던 사람이 프로게이머라니.

"네가 프로게이머가 되고 싶다고 해서 엄마가 누나한테 부탁했어. 궁금한 거 있으면 물어봐."

태웅이는 윗집 누나와 거실 소파에 나란히 앉았어요.

"정말 프로게이머가 되고 싶은 거야? 게임 하려고 핑계 댄 건 아니고?"

누나의 말에 태웅이는 속으로 뜨끔했어요.

"사실 처음에는 그랬어요. 그런데 게임을 할수록 프로게이머라는 직업에 관심이 생겼어요. 하지만 포기해야 할 거 같아요. 프로게이머가 되

려면 게임을 계속해야 하는데, 그러다가 게임에 중독될 거 같아서요."

태웅이의 표정이 시무룩해졌어요.

"프로게이머와 게임 중독자의 차이가 뭔지 아니? 실제로 프로게이머와 게임 중독자의 뇌를 비교한 연구가 있는데, 게임 중독자의 뇌는 도파민이 나오는 부위가 두꺼웠대. 도파민은 쾌락을 주는 물질인데, 게임 중독자는 쾌락을 느끼려고 게임을 하기 때문에 스스로 조절을 잘 하지 못해. 반면에 프로게이머는 게임을 하는 자신만의 목적이 있고, 그 목적을 위해 스스로 조절하며 한다고 해."

태웅이는 고개를 끄덕였어요. 생각해 보니까 태웅이도 지금까지는 즐거움만을 위해 게임을 했던 거 같았거든요.

"그리고 프로게이머가 아니더라도 게임과 관련된 직업은 많아. 너에게는 시간이 많으니까 천천히 생각해 봐."

"네! 고마워요, 누나."

태웅이의 표정이 다시 환해졌어요.

태웅이는 게임에 중독되지 않으면서 게임을 즐길 수 있는 방법이 무엇일지 진지하게 찾아보기로 마음먹었어요.

중 인: 디지털 중독

게임을 멈추고 싶지 않아

게임을 하면 왜 도파민이 나올까?

우리가 어떤 행동을 했을 때 보상을 받으면, 뇌는 '도파민'이라는 신경 전달물질을 내보내. 도파민이 나오면 기쁨과 쾌감을 느끼고 더 잘하고 싶은 마음이 생겨. 그래서 우리 뇌는 도파민을 얻기 위해 보상이 주어지는 행동을 점점 더 자주 원하게 돼.

하지만 공부나 악기 연주, 운동, 독서 같은 활동들은 보상 받기까지 오랜 시간과 노력이 걸려. 반면에 게임은 몇 분 혹은 몇 초 안에 점수, 아이템, 레벨 등 다양한 보상이 주어지지. 우리 뇌는 공부처럼 보상이 오래 걸리는 행동보다 보상이 금방 나오는 게임을 자꾸 원하는 거야.

게임에 왜 중독될까?

　게임을 한번 시작하면 시간 가는 줄 모르고 빠져들 때가 있어. 특히 HMD를 쓰고 가상현실에서 게임을 즐기면 게임 안에 들어간 듯한 몰입감에 쾌감이 한층 높아지지.

하지만 게임을 하면 할수록 이전과 같은 기쁨을 느끼기 힘들어. 도파민에 내성이 생겼기 때문이야. 그래서 더 오랫동안 자주 게임을 해서 도파민의 양을 늘리려고 노력하지.

그러다 보면 어느 순간 일상생활이 어려울 정도로 게임에 몰두하는 자신을 발견하게 돼.

게임 중독에서 벗어날 수 있을까?

게임에 한 번 중독되면 게임을 하지 않을 때 불안하고 초조한 마음이 들어. 도파민이 더 이상 나오지 않기 때문이야. 심하면 하루 종일 게임 생각만 나고 모든 일에 의욕을 잃어. 몸이 아프기도 하지. 이게 바로 '금단 증상'이야.

하지만 다행히도 뇌는 가소성이라는 성질이 있어서 얼마든지 달라질 수 있어. 뇌가소성은 환경이나 학습에 따라서 뇌가 변화하고 적응하는 능력을 말해. 그러니까 게임처럼 순간적인 기쁨을 주는 활동을 줄이고, 오랜 시간과 노력을 들여 즐거움을 얻는 일을 꾸준히 하다 보면 중독에서 벗어날 수 있을 거야.

WHO 자가 진단 테스트

세계보건기구(WHO)에서는 아홉 가지 항목 중 다섯 가지 이상에 해당하면 게임 중독 가능성이 높다고 판단해요. 만 12세 이상부터 만 16세 미만일 경우 보호자와 함께 테스트를 진행해 보세요.

☐ 게임에 집착을 한다.

☐ 게임을 못 하면 금단증상이 있다.

☐ 게임하는 시간이 꾸준히 늘어난다.

☐ 게임을 통제하려는 시도가 실패했다.

☐ 게임으로 이전의 취미나 오락에 대한 관심을 잃었다.

☐ 심리사회적인 문제가 있다고 생각하면서도 과도하게 게임을 이용한다.

☐ 게임을 얼마나 많이 하는지 가족이나 상담사에게 거짓말을 한 적이 있다.

☐ 무기력감, 죄책감, 짜증 등 부정적인 상황을 벗어나기 위해 게임을 한다.

☐ 게임 때문에 사람들과 멀어지거나, 학업이 위태로워진 적이 있다.

조절하는 뇌는 어떨까?

신경전달물질 때문에 울었다가 웃었다가

시냅스를 건너려면 신경전달물질이 필요해

신경세포에는 나뭇가지처럼 여러 갈래로 뻗어나가는 두 종류의 돌기가 있어. '가지돌기'와 '축삭돌기'야. 가지돌기는 전기 신호를 받아들이고, 축삭돌기는 받아들인 전기 신호를 내보내는 역할을 해.

신경세포와 신경세포 사이에는 작은 틈새가 있어. 이를 '시냅스'라고 불러. 신경세포의 축삭돌기에서 내보낸 전기 신호가 다른 신경세포의 가지돌기로 넘어가려면 이 틈새를 건너야 해.

하지만 전기 신호는 혼자 힘으로는 시냅스를 건너가지 못해. 바로 이때, 축삭돌기의 끝에서 화학 물질이 뿜어 나와. 이 물질을 신경전달물질이라고 불러. 신경전달물질은 전기 신호로부터 정보를 받은 다음, 대신 시냅스를 건너가서 정보가 끊기지 않도록 전달해 주는 역할을 해.

이렇게 넘어간 정보는 어떻게 될까? 다시 전기 신호로 바뀐 다음, 축삭 돌기로 이동해서 또 다른 신경세포로 넘어갈 준비를 해. 우리 몸과 뇌는 이런 과정을 반복해서, 자신에게 들어온 정보들을 처리하고 있어.

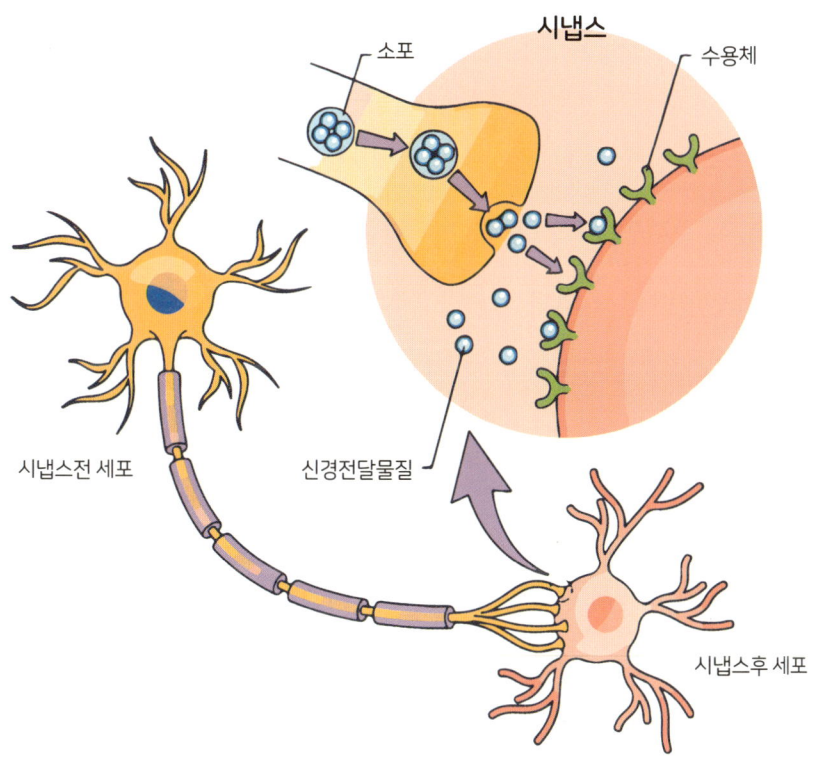

다양한 신경전달물질

신경전달물질의 종류는 매우 다양해. 지금까지 밝혀진 신경전달물질만 해도 백 가지가 넘어. 도파민을 비롯해 '글루타메이트', '가바', '세로토닌', '아세틸콜린' 등이 대표적인데, 각각 고유의 기능을 갖고 있어.

'글루타메이트'는 신경세포를 흥분시켜서 작은 신호도 잘 전달될 수 있도록 도와줘. 그런데 신경세포가 너무 흥분하면 발작으로 이어지기 때문에 '가바'라는 신경전달물질이 나와 흥분을 가라앉히고 균형을 맞춰 주지.

'세로토닌'은 행복한 감정을 느끼게 해 줘. 도파민이 순간적인 쾌락을 느끼게 해 준다면, 세로토닌은 평안하고 만족스러운 느낌을 주지.

'아세틸콜린'은 기억과 학습을 도와주는 신경전달물질이야. '알츠하이머'는 치매를 유발하는 병인데, 알츠하이머 환자들은 공통적으로 아세틸콜린의 수치가 매우 낮아. 그래서 알츠하이머를 치료하기 위해 아세틸콜린의 분해를 억제해 주는 약을 쓰기도 해.

이처럼 어떤 신경전달물질이 어떻게 작용하느냐에 따라 사람의 행동이나 생각, 감정에 끼치는 영향이 매우 크기 때문에, 신경전달물질에 대한 연구가 활발하게 이루어지고 있어.

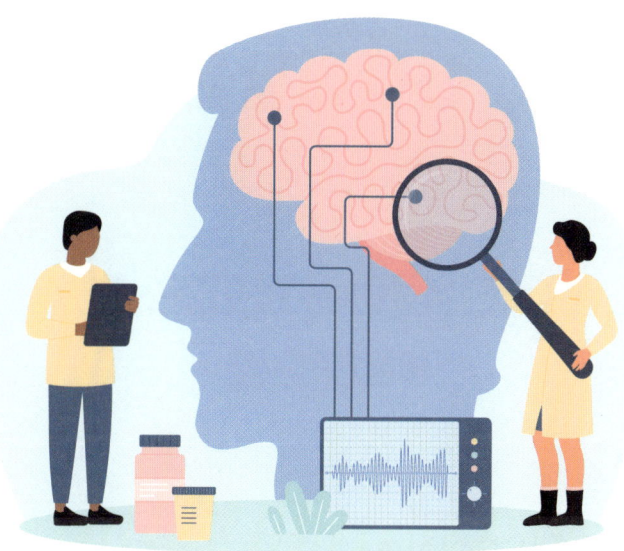

 지식플러스+

충동적인 결정은 신경세포를 보호하기 위해서라고?

글루타메이트는 신경세포가 정보를 전달할 때 핵심적인 역할을 하는 신경전달물질인데, 머리를 많이 쓸수록 뇌에 차곡차곡 쌓여요. 그런데 글루타메이트가 지나치게 많이 쌓이면, 신경세포에 독성으로 작용해서 신경세포를 죽게 만들어요. 그래서 머리를 많이 쓴 날일수록 뇌는 충동적으로 결정해서 빨리 처리해 버리려고 해요. 글루타메이트가 쌓이는 걸 막아서 신경세포를 보호하기 위해서죠. 그러니까 중요한 일을 고민할 때, 머리를 많이 써서 정신적으로 피곤한 날은 피하는 게 좋아요.

지금, 신경전달물질은?

신경전달물질이 과도해도 병, 부족해도 병

신경전달물질을 측정하는 브레인칩

신경전달물질의 수치가 정상 범위를 벗어나면 여러 뇌 질환이 발생해. 도파민이 과도하면 각종 중독 증상이 일어나고, 아세틸콜린이 과도하면 파킨슨병에 걸려. 세로토닌이 부족하면 우울증, 가바가 부족하면 뇌전증, 글루타메이트가 부족하면 알츠하이머병이 생기지.

신경전달물질은 뇌가 정상적으로 작동하는 데 중요한 역할을 하지만 지금까지 신경전달물질을 측정하는 기술이 부족했어. 그래서 신경전달물질과 뇌 질환의 관계를 정확하게 파악하는 데 어려움이 있었어.

그런데 최근 신경전달물질을 정밀하게 측정할 수 있는 브레인칩이 개발되었어. 브레인칩을 뇌에 삽입해서 신경전달물질을 실시간으로 측정해서 분석할 수 있게 된 거야.

그뿐만 아니라 여러 종류의 신경전달물질을 동시에 측정해서 서로 어떤 영향을 주고받는지도 연구할 수 있게 됐어.

이렇게 신경전달물질을 관찰하고 분석할 수 있는 획기적인 기술이 나왔으니, 이를 통해 뇌 질환의 원인이 정확하게 밝혀지면 치료제도 개발되지 않을까, 많은 사람들이 손 모아 기대하고 있어.

교과서 속 뇌과학 키워드

 # 신경계 몸에 가해진 자극을 감지해서 몸의 다른 곳으로 전달하고 반응하는 체계를 말해요. 신경계는 중추신경계와 말초신경계로 나뉘어요.

 # 중추신경계 뇌와 척수로 구성되어 있어요. 뇌는 자극을 종합적으로 분석해서 몸의 각 부분에 명령을 내리고, 척수는 뇌와 말초 신경을 연결해요.

 # 말초신경계 말초신경계는 온몸에 퍼져 있어요. 감각기관에서 받아들인 자극을 중추신경계로 전달하거나, 반대로 중추신경계의 명령을 근육이나 각 기관에 전달해요.

 # 중독 중독은 신체적·물질적 중독과 정신적·행위적 중독을 동시에 일컬어요. 신체적·물질적 중독은 농약, 독버섯 등 독성 물질에 노출되어 신체적으로 위험해지는 걸 말하고, 정신적·행위적 중독은 인터넷, 약물, 도박 등에 강하게 의존해서 신체적·정신적 건강을 잃게 되는 걸 말해요.